ひとめでわかる
図解入り

ジャーナリスト
IKEGAMI
AKIRA
池上彰

【第4版】

経済のこと よく わからないまま 社会人に なった人へ

海竜社

経済のこと よくわからないまま社会人になった人へ 第4版

はじめに——お金と賢く付き合おう

あなたは、お金とどんな付き合い方をしているでしょうか。働いて得られる収入で生活できているでしょうか。

毎月の給料だけでは青息吐息。ボーナスが入って、やっと一息つける生活の人もいることでしょう。

これではいけない！ お金との付き合い方を抜本的に考え直さなければ。そんな決意を込めて、この本を手に取った読者もいるでしょう。

世の中に出ると、否が応でも経済の知識が必要になります。学生時代にもっと経済のことを勉強しておけばよかった。そんな後悔をしている人のために、この本は生まれました。

あなたが買い物をすることで、世の中のお金は回っていきます。買い物をするだけでなく、貯めたり、投資したりすることで、経済は動きます。働いて稼いだら、税金を納める。それによって、国家の仕事が成り立ちます。

あなたも経済を支える一員なのです。良い買い物をすることで、世の中にいい商品が広がる手伝いもできます。そう考えると、お金を使ったり、投資したりすることが楽しくなってくるのではないでしょうか。

この本は二〇〇四年に初版が出ました。「書店で手に取るのが恥ずかしい題名だ」という反応もありましたが、多くの人の支持を得ました。長く売れ続ける本になったのです。そこで、世の中の変化に合わせて内容を改めているうちに、遂に第四版を出すことになりました。ありがたいことです。

この本を読み終えたあなたが、「経済のことをそれなりに知っている社会人」に成長されることを期待しています。

二〇一九年二月

ジャーナリスト　池上　彰

経済のこと よくわからないまま 社会人になった人へ 第4版

もくじ

買う

最も身近な経済活動、「買い物」経済における「買い物」の役割を知ろう

投資する

経済ニュースで欠かせない「株」
経済における「株式投資」の
役割を知ろう

借りる

いいイメージのない「借金」
経済では「借金」をめぐって、
どのようにお金が回っているのか知ろう

世の中をつかむ

ニュースは不安を煽るばかり
世の中の動きをつかむ
キーポイントを知ろう

備える

「不況」・
「不安定な国際情勢」
この先何が起こるかわからない。
賢く「備える」知恵を知ろう

納める

税金。
けっこう納めてます
税金が世の中でどんなふうに
使われているか知ろう

ブックデザイン……………村橋雅之
総扉&本文イラスト……永野敬子
本文イラスト……………吉田雅博
カバー写真………………著者提供
編集協力…………………千葉潤子

買う

最も身近な経済活動、
「買い物」
経済における
「買い物」の役割を
知ろう

買う1

「買い物」は経済でどんな働きをしているのだろう？

私たちにとって、最も身近な経済活動、「買い物」。そもそも「買う」とは、経済でどんな役割を果たしているのだろう？

私たちがものを「買う」ことで、世の中にどんな影響を与えているのだろう？

「金は天下の回りもの」だ

「金は天下の回りもの」という言葉があります。お金は世の中をぐるぐる回っています。今あなたが持っているお金も、人の手から手へ渡り歩いているうちに、あなたのところに来たのです。あなたはそのお金で、家賃を払ったり、食べ物を買ったり、日用品を買ったり、洋服を買ったりして、お金を使っています。当然、誰もが同じことをしています。

しかし、反対に誰もお金を使わなくなってしまったら、どうなるでしょう？

今は商品の値段が下がっているから、欲しくてもすぐには買わないで、もっと値下がりするのを待つ。先行きが不安だから節約する。こうした行動は、個人個人にとっては非常に合理的ですね。

もっと安く売っている店があるかもしれない、もう少し日が経ったら安くなるかもしれないと思えば、すぐに買わないのは当然の選択でしょう。

このようにお金を使わないことは、個人個人にとっては当然の行動です。しかし、みんながそういう行動をとると、困ったことが起きます。

もし、みんなが買い物を控えるようになると、売る側は、なんとかお客に買ってもらえるように、商品の値段を下げるでしょう。商品の値段が下がれば、商品を製造・販売している会社の利益が減ります。

利益が減った分、どの会社も社員の給料を減らすでしょう。給料が減ったら、みんなますます買い物を控えるようになります。それが、めぐりめぐって、あなたの会社の経営状態も悪くなることにつながります。給料が減らされたり、退職に追い込まれたり、ということにもなりかねません。

経済用語では、このことを「**合成の誤謬《ごびゅう》**」と言います。個人にとっては合理的な行動でも、みんなが同じことをすると、結果的に、みんなにとって都合の悪いことになってしまう、ということです。

あなたの買い物が誰かの生活を支えている

あなたが買い物をして払ったお金はどうなるか、想像したことがありますか。そのお金は、その商品に関係した人たちみんなに分配されていくのです。

たとえば、あなたがジャケットを一着買えば、その代金は、店員、メーカー、メーカーの下請け会社、そのまた下請け会社……と、多くの人たちに分けられます。その人たちも、そうして得られた給料で買い物をし、支払った代金が、また別の人たちに分配されていきます。あなたが買い物をすることで、結果として、世の中の人たちの生活を支えていくことになるのです。世の中はこのよ

あなたの買い物が世の中の人の生活を支えている

デザイナー
メーカー
消費者
買う
払う
店員
●たとえば
お店で流通したお金は
また別の所で使われる。
払う
社員
消費者
買う
●昨日の店員も
今日は消費者。
誰もがみんな
買い物を
しています。
出版社
著者
印刷所
社員
今晩は
イタリアン
パスタよ
お金は
いろんな人を
めぐって流通
する

うに、お金を払う、受け取るということの繰り返しによって回っています。あなたがお金を使うことで世の中が回っているとは、こういうことなのです。あなたの買い物は、世の中を動かす力を持っているのですね。

●ひとことコラム●

「合成の誤謬《ごびゅう》」

★経済で、個人にとっては合理的な行動でも、みんなが同じことをすると、結果的に、みんなにとって都合の悪いことになってしまう、ということ。

たとえば、サッカースタジアムでみんなが座っている時に一人が立ち上がればゲームがよく見えるが、みんなが立ち上がると見えなくなってしまう、ということ。

買う2

どうすれば、不景気じゃなくなるのか？

不景気といわれて、久しい。
「ものが売れない＝不景気」ということらしいけれど、
私たち一人ひとりが手当たり次第に
買い物をすれば、
景気は回復するのだろうか？

世の中を正しく動かすお金の使い方がある

あなたがお金を使えば、それだけ世の中が動きます。とはいえ、手当たり次第にものを買っても、それで、あなたのお金が世の中を正しく動かしていることにはなりません。

むしろ、こんなご時世だからこそ、本当に欲しいものを、厳しい目でよく吟《ぎん》味《み》して買ってほしいのです。それが、結局は、世の中をもっとうまく回すことにつながるからです。もう少し詳しく説明しましょう。

日本経済は、長い間不景気が続いてきました。不景気というと、悪いイメージばかりが広がっていますが、一概《いちがい》にそうとも言えません。

たしかに、ものが簡単に売れない状況は、企業にとって大変厳しいものです。しかし、逆に言えば、それだけ企業同士の競争が激しくなり、それぞれが「売れるもの」を作るためにさらに努力するようになることを意味します。当然、その競争に勝ち抜いて生き延びるのは、本当に消費者の欲しいものを提供できる会社だけです。

激しい競争を生き延びた会社がさらにがんばることによって、ものが再び売れるようになれば、徐々に景気は良くなります。

もちろん、いつでも景気が良いにこしたことはありません。しかし世の中は、景気が良すぎると、今度は一転して不景気になり、競争に負けた企業が姿を消すと、やがて、再び好景気になるというように、ぐるぐると循環しているものなのです。

人間の身体に例えるならば、バブル期のような好景気は、贅肉《ぜいにく》がつきすぎた状態です。太りすぎて不健康になったから、少し大変だけどがんばってダイエットしなければ、という状況が不景気だと言えます。

日本の経済はあなた次第だ

不景気な世の中だからこそ、本当に欲しいものを吟味して買うべきだと言ったのは、消費者であるあなたの鋭い目、あなたの厳しい選択が、ダメな企業を追い出し、本当に良い企業を発展させるからなのです。

私は、このことを**「経済における投票行動」**と言っています。つまり、あなたは、ある商品を買うことによって、その商品を製造・販売している企業に一票を投じていることになるのです。政治の世界では、有権者の支持を受けた人が当選し、そうでない人は落選しますが、経済の世界でも、同じようなことが起きているのです。

今人気のブランド品には、創業何百年というものもあります。それは、そのブランドを持っている会社が努力して信頼を築き、不景気のたびに消費者に選ばれてきたということでしょう。でなければ、何度となく押し寄せてきた不景気を生き延びることはできなかったはずです。

ということは、伝統あるブランド品を買うというのは、良い商品を買うということでもあります。「ブランドあさり」が批判されますが、ブランド商品を買うこと自体は、別に悪いことではありません。

BRAND Shop
投票箱
●あなたの「清き1票」が
企業を成長させていきます。

商品を買うことは企業に投票すること

しかし、「みんながこの商品を買うから私も……」という動機でブランド品を買っているのであれば、あなたはまさに「清き一票」を無駄にしているのです。

それよりも、自分がいいと思ったものを買うことです。その商品が売れれば、その企業は発展し、さらに良いものを作ります。こうして、「買う」という投票行動が企業を成長させていきます。

一人ひとりが吟味し尽くした買い物をすれば、結局は世の中がもっと健全に循環していくことになります。なかでも、二十代、三十代の女性が使うお金は世の中を動かしていると、私は思っています。

食事にショッピングに旅行……。二十代、三十代は、おそらくお金を使う機会が最も多く、また最も楽しい時期でしょう。

つまり、この日本の経済は、まさにあなた次第と言っても過言ではないのです。どうぞ、妥協《だきょう》せずに、本当に好きだと思った商品を買うようにしてください。

ひとことコラム

「経済における投票行動」

★ある商品を買うことは、その商品を製造・販売している企業に一票を投じるようなものという意味。

買う3

「良い買い物」「悪い買い物」ってあるの？

衝動買い・贅沢《ぜいたく》・浪費《ろうひ》。
世の中にはマイナスイメージのつきまとう
「お金の使い方」もあるけれど、
そもそも「買い物」に「良い」とか、
「悪い」はあるのだろうか？

衝動買いは浪費だろうか？

前項で、自分が本当に好きだと思うものを買えば、世の中を良い方向に動かせるという話をしました。

ですから、「良い買い物、悪い買い物はあるか」という問いへの答えは簡単。自分が「ああ、よかったな」と思えれば、それは、いい買い物をしたということです。反対に、後悔してしまったら、自分が満足できないものにお金を使ってしまったということですから、悪い買い物をしたということになります。

たとえば、ある休日、ふと思い立って、一万円もするランチを食べたとしましょう。人は「もったいない！」と叫ぶかもしれません。でも、あなた自身が、いつもの休日とは違う、ちょっと贅沢で幸せな時間を過ごせたと感じたのなら、そのお金の使い方は正しかったということです。反対に、ファストフードですませて、なんだかみじめな気持ちになったとしたら、たとえ三百円でも、そのお金は正しくない使い方をされてしまったということになります。

ストレスでついつい衝動買い、なんてことも同様のことが言えます。

衝動買いは一見、浪費のように思えますが、それでも、良かったと思える衝動買いと、あとあと後悔する衝動買いがあると思います。

ぱーっと使ったことによってストレスが消えたのならば、それはそれでいい買い物でしょう。ストレスを抱えたままでは、仕事になりませんから、その企業に一票投じる価値は十分あったということです。反対に、買い物の山を眺《なが》めて「ああ、私はなんて馬鹿なことをしてしまったんだろう」と後悔し、新たなストレスを抱えるくらいなら、そんな買い物はしないほうが良かったということでしょう。

あなたが満足できなければ、その買い物は間違っていたということなのです。

あなたの満足度が基準になる

お金を使って精神的に安らいだり、いらいらを解消したりできれば、「また明日からがんばろう」という活力を得ることができます。これを、経済学のことばで**「労働力の再生産」**と言います。明日への活力が生まれてくるのですから、自分というものを再生産していると考えてもいいでしょう。

その活力は、週明けからの仕事にも発揮され、結局は、世の中のためになるとも言えます。

この際、「良いの？　悪いの？」と考えるのではなく、代わりに「私はこれで満足できるの？　できないの？」という基準で、お金を使ってみてください。

それが、「経済における投票行動」の根本なのです。

●ひとことコラム●

「労働力の再生産」

★お金を使うことで、精神的に安らいだり、いらいらを解消することで、「また明日からがんばろう」という活力を得ること。

買う 4

もの選びの基準はあるのか？

「買い物」をするとき、
「どれを買っても同じ」と思ってしまうものについては、
いったいどのような基準で選ぶのが賢いのだろうか？
「経済における投票行動」を無駄にしないためにも、
もの選びの新たな基準が知りたい。

商品を作っている企業のあり方も見てみよう

洋服やバッグならば、言われなくとも吟味して買うのでしょうが、どこの会社のものを使おうとかまわない、という商品もあるでしょう。しかし、だからと言って、その買い物も、「経済における投票行動」の立派な一票であることに変わりありません。やはり、それに値する企業に投じなくては無駄になってしまいます。

そこで、どの商品でも自分自身の満足度にはあまり変化がないというものについては、商品そのものではなく、それを作っている企業のあり方に目を向けてみてはいかがでしょうか。企業がどのような理念を持っているのか、収益をいかに活用しているのか、というようなことです。

たとえば、ある化粧品メーカーは、収益の一部を環境保護に役立てています。またゴミを減らすために、空《から》のケースを持っていくと詰め替えてくれます。

この会社では、化粧品の中身だけを詰め替えることができるようにして、容器がゴミになるのを防ごうとしたところ、当時の厚生省から「衛生上問題がある」と待ったがかかりました。会社では役所の担当者を再三《さいさん》にわたって説得し、ついに店頭で中身の詰め替えができるようにさせました。ひとつの企業の理想を求める姿勢が、役所を変えたのです。

「世のため人のため」の商品もある

また、あるカード会社は、ユニセフ（国連児童基金）と提携《ていけい》し、買い物をした金額の一パーセントが自動的にユニセフに募金されるようにしています。私も持っていますが、買い物をするだけで、カード会社を通じて自動的にユニセフに募金できるのです。これなら、衝動買いをして後悔しそうになっても、

我が社は
環境にやさしい
商品づくりを
モットーとする

商品そのものだけでなく企業のあり方や理念もモノ選びの大事なポイント

A社

環境や社会への配慮と貢献

顧客サービスの充実

品質管理の徹底など

不要になった商品や
リサイクル可能な
部品を回収しましょう

●あなたがお金を払ったその会社、
どんな考えを持った会社か知っていますか？

●その会社の考えや活動を知る。
それも大事な選択基準なのです。

フクロはいりません

エコロジーカードで

A社を応援しよう！

●容器の詰め替えだって
ささやかだけど立派な
エコ活動。リサイクル
に力を入れている会社
の商品を買えば、あな
たもそれを応援するこ
とになるのです。

「これでユニセフに募金したのだから、まあ、いいか」と思えます。

ほかにも、「日本野鳥の会」に寄付金が行く「エコロジーカード」や「赤い羽根募金」と提携したカードもあります。

再生紙を使ったノートや発展途上国の自立を促《うなが》す「フェアトレード」の商品など、「世のため人のため」の商品はたくさんあります。先進国の大企業の中には、金儲《もう》けのために、開発途上国から商品を安く買い上げるところがありますが、そういうことを避け、開発途上国の人たちが自立できるように適正な値段で買い上げようという貿易のことを「フェアトレード」と言います。

私が飲むコーヒーは、国ができたばかりで現金収入が少ない東ティモールの人たちからコーヒー豆を適正な値段で買い上げるという活動をしている団体から買ったものです。

問題の解決のためにボランティア活動をしたり、市民運動をしたり、ということまではできなくても、「買う」ということで、それらの活動に協力することができるのです。

ものを買うことで得る満足には、こういう形もあるということです。

あなたのお金は、買うことで「一票」として生きるのです。

買う5

「外出時はブランド品、家の中ではユニクロ」。これって、賢い買い方？

安くて質も良い一〇〇円ショップやユニクロの出現で「安かろう悪かろう」という常識がくつがえされつつある。

高くても長く愛用できるブランド品か？

安くて質もよいユニクロか？

賢いもの選びのコツはあるのだろうか？

中国上海市に開店した世界最大のユニクロの店内
（写真：共同通信）

「安かろう悪かろう」は昔の常識だ

ひと昔前だと、ブランド品を買う人はブランド品だけ、安いものを買う人は安いものだけ、というふうに両極端に分かれていました。しかし、今の時代は、激安ショップとブランド品の店の両方に顔を出すというのが、当たり前になっています。

あなたも、ブランド品の入った袋を持って**ユニクロ**の店内を回った経験があるかもしれませんね。昔の「安かろう悪かろう」という常識が、今は通用しなくなりました。激安ショップでも、品質の良い商品を買えるようになり、みんなの買い物の行動が変化したのです。近年急増した一〇〇円ショップは、「なんでも百円で売る」という発想自体が新しかったわけですが、これが実現したのは、安い人件費で良い商品を作ることができるシステムの存在があります。

自分が納得できるものを買えばいい

洋服に関しても、ひと昔前は、安いものは数回洗濯したらもうダメになっていたのに、今では耐久性があって品質の良いものを安く作るということが可能になっています。

その筆頭は、やはり、ユニクロでしょう。ユニクロは、中国の安い労働力を使いながらも、きちっとした生産体制を作ることによって、品質向上を実現させました。ユニクロは、中国の工場に生産を依頼しています。もしその工場から不良品が出るようなことがあれば、いつでも依頼する工場を変更する用意をしておいて、工場に生産ラインの管理をしっかりさせているのです。

ユニクロの商品を買うと、バーコードの記入された札《ふだ》（タグ）がついています。このバーコードには、中国のどの工場の、どの生産ラインで製造されたか、という情報が書き込まれています。不良品が見つかったら、直《ただ》ちに現地の工場に連絡が行くのです。こうした工夫の結果、「この値段でこれだけのものが買えるならお買い得」と思えるまでに、品質が上がったのです。

そうなれば、いくら値段が安いものであっても、ブランド品と一緒に身につけることもできるでしょう。

つまり、自分が選び取ったものであれば、高かろうと安かろうと、関係ないのです。家ではユニクロ、外ではブランドと割り切るのも一つのあり方でしょうし、ユニクロで全部統一することがあっても、かまわないですね。

ブランドの店でシャツを見て「この程度ならユニクロで十分だな」と思えば、ユニクロで買えばいいことですし、相場以上の高価なブラウスでも、「これしかない！」と思えば、えいやっと買ってしまえばいいのです。結局は自分が納得すれば、それが一番「賢い」買い方、ということではないでしょうか。

●ひとことコラム●

「ユニクロ」

★山口県宇部市の紳士服の小売店を父親から継いだ柳井正氏がカジュアル服の販売会社「ファーストリテイリング」を設立して全国展開した小売店の名前。もともとは「ユニーク・クロージング・ウェアハウス」という名前だった。

買う6

車やマンション。「買う」か「借りる」か「シェアする」か。どれがおトク？

安倍政権発足以来の最大目標「デフレ脱却」は、まだ遠いような、すぐそこまで来ているような……。マンションや車などの大きな買物をするなら、インフレ気分が漂ってくるのを待ちたいところ。

景気を見ながら、「買う」か「借りる」か「シェアする」か、果たしてどれが本当に合理的なのか。

デフレ時代は「借りる」ほうが合理的だ

買うか買わないかの判断は、あなたがどんなライフスタイルを選ぶかということに尽きます。自分の価値観と照らし合わせて考えるのが一番です。

一般論で言えば、**デフレ**の時代は、マンションは借りたほうが合理的です。土地の値段が下がりっぱなしのようなデフレの時代は、いったん買ってしまうと、売ろうと思っても買ったときより安い値段でないと売れなくなります。結果、あちこち古くなってきても、買いかえることもできず、ずっと同じところに住むことになってしまいます。借りたほうが身軽だということですね。好景気のころは、土地の値段が年々上がっていたので、マンションを買っても損はしませんでした。とりあえず手の届くものを買って、値段が上がったところで売り、また次のマンションに住みかえるということが可能だったからです。

その意味では、日本経済がデフレから脱却し、〝**インフレ**時代〟が到来するようなら、「今、買っておいて損はない」という見方もできます。

また、ローンを組むことを考えると、給料が順調に上がる時代なら、ローンの支払いは年々負担の割合が減りますが、ボーナスカット、給料引下げの危険性がある場合は、返済し続けられるかどうかという心配もあります。

それを考えれば、好きなところを借りて、古くなったり飽《あ》きたりしたら次を探すというのが、一つの手ではあります。

しかし、そういうリスクを考えてもやっぱり自分のマンションが欲しいと思うのだったら、むしろ早く行動を起こすことをおすすめします。周囲が何を言おうと、それがあなたの判断なのですから。それは決して無駄ではありません。

もう一つ、近年注目を集めている賃貸住宅に「シェアハウス」があります。これは、一軒の家を複数人で共有すること。多くの場合、リビングや台所、浴室などを共有スペースとし、住人それぞれの個室をプライベート空間とします。もともとは、ファミリータイプの部屋数の多いマンションや戸建て住宅を節約目的で複数人で賃借する、という発想から生まれました。

まだ収入が少なく、家賃負担を軽減したい若い層にとっては、選択肢の一つとなるでしょう。

自分の生活スタイルを見据《みす》えて

買い時については、「欲しいときが買い時」、これに尽きます。より良いものが出てくるかもしれない、と思って先延ばしにしていたら、永遠に買えないことになります。欲しいと思ったときに買うのが一番なのです。

安いときに買うほうがトクですし、値段はますます下がるかもしれませんが、時期を見計らっているあいだにも時間は過ぎ、あなたは歳を重ねていきます。

マンションを買うとなると、当然ローンを組むことになるのでしょうから、早いに越したことはありません。年齢が高くなると、ローンは組みにくくなりますし、退職するまでにできるだけ多くローンを返済していることが望ましいでしょう。

マンションの次には、車のことを考えてみましょう。車には、マイカー、レンタカー、カー・リース／カーシェアリングという四つの選択肢があります。

マイカーを持つと、月々のローンの支払いに加え、車検代や駐車場代など、維持費がばかになりません。

マイカーを持たずに、必要なときはいつでもタクシーやレンタカーを使うという選択もありえます。とても無駄なことをしているように思うかもしれませんが、マイカーを持つ維持費が一切かからないのですから、トータルに見れば、そのほうが安いのです。

また、長期的に車を借りるというカー・リースという方法もあります。これだと、ある程度乗った段階で借り替えれば、いつでも新車に乗れるという利点があります。

こう考えると、どうしても欲しいというわけではないのなら、やはり借りたほうがトクと言えるでしょう。

さらに最近は、三十分から一時間程度の短時間での利用をおもな目的とする「カーシェアリング」という方法も登場しています、「日常でちょっと乗りたいときに借りられる」手軽さが魅力です。

選択肢はさまざまですが、いくらお金がかかるとしても、自分のマンション、自分の車が欲しいと思うのなら、なにも迷うことはありません。

一番大切なのは、自分がどういう価値観や将来のビジョンを持っているかです。自分はどういう生活スタイルをとりたいのかを考えてみて、一番良い方法を選べばいいのです。

ひとことコラム

「デフレ」

★「縮んでいく」という意味の「デフレーション」を略した言い方。商品が売れず、給料も減っていき、経済活動が小さくなっていくこと。

「インフレ」

★「ふくらんでいく」という意味の「インフレーション」を略した言い方。デフレの逆。物価が上昇し、「値段が上がる前に買ってしまおう」と考えた消費者が買い物に走り、商品が売れるので、さらに物価が上昇していく、という経済の状態のことをいう。

経済記事がわかる！
やさしい用語解説

◎「リストラ」

★「リストラ」という言葉は、バブルが崩壊《ほうかい》し、不景気が長引くようになってからよく聞かれるようになりました。少しでも企業の負担を減らすためには、社員を減らして人件費を削ろうということで、大規模な「リストラ」が多くの企業でおこなわれたからです。

★おかげで、今では「リストラ」は「首切り」の代名詞になっています。しかし、本家本元のアメリカでは、まったく違う意味で使われているのです。

★「リストラ」とは、アメリカの経済戦略用語である「リストラクチュアリング（restructuring）」を、日本人がお得意の短縮言葉にしたもので、もともとは「再構築する」という意味です。つまり、「仕事のやり方を抜本的に変えましょう」という意味であって、むやみやたらに人を削るという意味ではありません。見直した結果、人を増やすことになる可能性だってあります。

★日本で広まっている「リストラ」には、「守り」の姿勢が見られますが、本来は、鍛え直すという意味なのですから、むしろ「攻め」の姿勢を持つ言葉なのです。

★そこを勘違いして、やたらと人を削る企業は、言ってみれば、無理なダイエットをして、結局は身体を壊してしまう人間のようなものです。

★リストラを始める企業は、よく「希望退職」を募ります。ところが、「希望退職」を募ると、どこに行ってもやっていける自信がある優秀な社員が真っ先に辞めていくという事態が生じます。優秀な人間が辞め、能力のない人間が会社にしがみつくのですから、その企業の業績が上がるはずもありません。これこそ、無理なダイエットの弊害《へいがい》そのものでしょう。

★本当に必要なのは、健全なダイエット。つまり、まず身体全体を見直し、無駄を省きつつも、必要なところを鍛えて贅肉を筋肉に変えることなのです。

★どちらの方式のダイエットをするか、それが、企業再生になるかどうかの分かれ目と言えるでしょう。

投資する

経済ニュースで
欠かせない「株」
経済における「株式投資」
の役割を知ろう

投資する1
株ってなんだろう？

毎日のニュースでは必ず
「今日の株価」とコメントされる。
どうやら株は経済から切っても
切り離せないものらしい。
そうかと思うと、株で大儲け、
株で大損……。
株には、危ない「ギャンブル」
のようなイメージもある。
「株」って、いったいなんなの？

株は「投票行動」でもある

おそらく読者の多くは、株を買うなんて考えたこともないのではないでしょうか。

それどころか、「ギャンブル」、「危ない」、はたまた「人を堕落《だらく》させる」などというイメージを持っていませんか?

たしかに、なかには株に夢中になってしまう人もいます。

しかしそれは、その人の問題であって、株自体にはまったく罪はありません。

それどころか、「買う」ことと同じように、株の購入も実は「投票行動」と言えるのです。

そもそも株とは何かというところから、考えてみましょう。

ある会社が、新しく事業を始めたいと思ったとします。しかし、「先立つものは金」というように、始めるためにはそれなりのお金が必要になります。

そこで、その会社は、投資してくれる人を探し、その人たちに、「たしかに○○円出してもらいました」という証明書を発行します。これが株です。そうやって集めたお金を元手に、その会社は新しく事業を始め、そこで出た利益を、投資家（株主）つまりお金を出した人に分配します。

株式投資で経済活動に参加

株を買う

あなたが株を買う、ということは、その会社と一緒になって仕事をする、仕事の手伝いをする、あるいは応援するということなのです。

●株は投資したお金の証明書

●企業のためにお金を投資するのが株主、これもひとつの投票行動です。

◀ 株って儲かるの？ 配当金ってなに？

配当金は、企業が投資してくれたお礼として、利益の一部を株主に分配するものです。配当金は持ち株の量で決まります。配当が10円の株を1000株持っていたら、1万円受け取れます。また、「株主優待」という企業ごとの優遇制度や特典もあります。

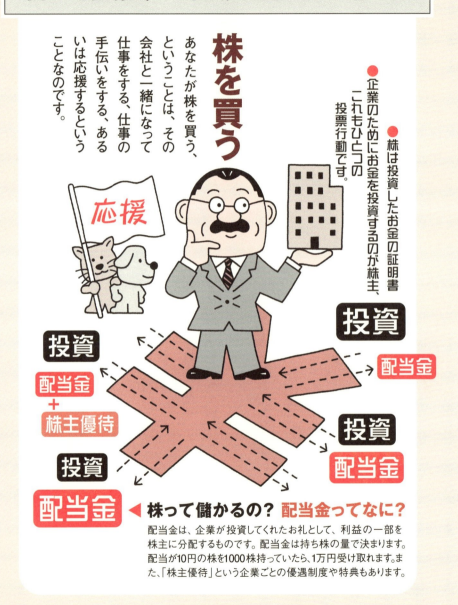

これが、**株式投資**のおおまかな流れです。つまり、株を買うということは、言ってみれば、その会社と一緒になって仕事をする、仕事の手伝いをする、あるいは応援するということなのです。

株式投資で世の中を回すこともできる

ちょっと思い出してみてください。

自分で気に入っている商品や、「わかってるなあ、この会社！」と思うサービスが、身の回りにありませんか？　使っているあなたが思うのですから、それを提供している企業は、良い企業でしょう。

そういう企業が生き残っていけば、この日本は、もっと良くなることでしょう。

あなたが選び取ることで、いい企業が育ち、生き残っていく――それが、「経済における投票行動」なのです。

自分が本当に欲しいものを吟味して買うと、その商品に関わる会社に「一票投じる」ことになると、【買う】の章でお話ししました。それが世の中を良い方向に動かしていくわけですが、お金を商品に直接投じる以外にも、株を買うという方法があるのです。

「お金の生きた使い方」という言い方もあります。買い物や株式投資にも、そうした使い方があるのです。

お金を、ただ銀行に預金するだけで、預金通帳の残高を見て楽しむという生き方もありますが、それでは社会との繋《つな》がりがありません。なんだか淋《さび》しくないですか？

お金の生きた使い方とは、消費（買うこと）なり運用（投資すること）なりすることによって、社会の一員として経済活動に参加し、世の中を動かしていく一端を担《にな》うことなのです。

「天下の回りもの」であるお金を、次に回していく責任を果たすことだとも言えるでしょう。

アメリカでは、小学生のころから株取り引きの教育を受けているので、株との付き合い方も知っていますし、事実、多くの人が株式投資をしています。健全に付き合えば、株は危ないものでも汚いものでもないのです。

もちろん、株に興味のない人にまで株の投資を勧めるつもりはありません。ただ、この機会に、投資することの社会的な意味、つまり、株式投資も世の中を回す一つの方法だということを、理解していただきたいと思うのです。

ひとことコラム

「株式投資」

★「株を買う」ということは、新しく事業を始めたい会社に資金を「投資する」ということ。つまり、その会社を応援し、一緒になって仕事をすること。
それは、経済活動であり、世の中を動かしていく一端を担うことでもある。

投資する②

株式投資を始めるには、どうすればいいの？

投資家デビューしてみたい！
とはいうものの、
何をどう始めたらいいのか、
さっぱりわからない。
それに証券会社って敷居《しきい》が高そう。
株式投資するにあたって、
まずは一番基本的なことが知りたい。

投資家デビューの基礎知識

①株はどこで買えるのか?

株を買いたいのならば、まず、証券会社で口座《こうざ》を開く必要があります。証券会社で口座を開くといっても、銀行で口座を開くのと何ら変わりはありません。免許証やパスポートなど、自分を証明するものと印鑑を持参のうえ、口座を開きたいと伝えましょう。

それでも証券会社は入りにくい、という人には、インターネットの証券会社を使うという方法があります。

この「ネット証券」の利点は、手数料が安く、口座管理料のかからないことです。証券の取引を機械化することで人件費を減らしているのです。会社によっては、素人にもわかりやすいような図表やグラフを載せたり、無料の分析ツールを提供したりしているものもありますので、いろいろ見比べてみましょう。

デメリットは、証券会社の窓口のように、悩んだときに証券マンにいろいろ相談できないことです。

でも、コールセンターに電話すれば応対してもらえることも多いし、何より取引後に「そろそろ売りませんか、次はこれを買いませんか」などとうるさくセールスされることがないのはうれしいところです。買った後にいろいろと口を出されるのが嫌だ、という人にはお勧めです。

②どんな証券会社を選べばよいのか？

特色が一番あらわれるのは、手数料です。

手数料は、株を売り買いするたびに生じるものですが、額は証券会社によってかなり異なってきます。一回だけの取り引きならばAという証券会社がトクだが、何回も取り引きするならばBのほうが安い、というように、取り引きする回数によって手数料が変わることがあります。

となると、証券会社を選ぶときには、いろいろ見比べて、安いところ、あるいは自分の買い方にあったところを見つけるのがいいでしょう。

ちなみに、大手だから良いとは一概に言えません。むしろ小規模の取り引きならば、小さな証券会社のほうが、より親身《しんみ》になってくれる可能性があります。

先述のインターネットの証券会社も含め、自分から見て付き合いやすそうな会社を選ぶのが一番です。

自分のお金を投じるのですから、あれこれ見比べるくらいの手間を惜しまないことです。

③一株からでも買えるのか？

以前はたいてい、千株単位で買うものでしたが、今は百株からとか、企業によっては一株からでも買えるというものもあります。

新聞の株価欄を見ると、企業にいろいろなマークがついています。そのなかの一つに、何株から買えるのかを示すものがあります。

あるいは、証券会社に買いたい株を告げて、何株から買えるかと聞くという方法もあります。

④どんな企業の株を買えるのか？

いくら応援したい企業でも、「株式会社」でなければ、株を買うことはできません。また、その株式会社の株が株式市場で売買されているもの、つまり証券会社で買えるものである必要があります。

自分のお気に入りの商品を作っている会社に投資したいと思ったら、まずは、その会社の株が買えるかどうかをチェックしましょう。もしそうでなければ、株を買う代わりに、その商品をずっと買うという形で、応援を続けることができます。

投資はあなたの自己責任

⑤ＮＩＳＡって何？

二〇一四年一月、「ＮＩＳＡ《ニーサ》（少額投資非課税制度）」がスタートしました。テレビで盛んに宣伝しているので、気になっている方も多いでしょう。

「ＮＩＳＡ」とは、毎年百万円を上限とする新規購入分の株や投資信託などを対象に、運用益や配当金などを最長で五年間非課税にする制度です。イギリス発祥の「ＩＳＡ（Individual Savings Account＝個人貯蓄口座）」を参考に導入されたことから、頭に「ＮＩＰＰＯＮ」の「Ｎ」が付けられたそうです。

この「ＮＩＳＡ」を利用するためには、ネット証券を含む証券会社や銀行などの金融機関でＮＩＳＡ口座を開設する必要があります。開設可能なのは、一人一口座のみで、二〇二三年までの十年間開設できますが、複数の金融機関で開設することはできません。

また、一度開設した口座をほかの金融機関に変更することはできないとか、投資を行わなかった場合はその非課税枠を翌年に繰り越してはダメ、売却したら非課税枠の再利用はできない、すでにほかの口座で保有しているものをそのままＮＩＳＡ口座に移管できないなど、さまざまな制約が設けられています。

「非課税にしてあげるんだから、そのくらいの不自由はがまんしてくださいね」ということでしょう。

ふつう、運用益や配当金には二〇パーセントが課税されますので、それがゼロになるというのは非常に魅力的。これをある種の〝エサ〟に、金融機関は個人投資家の裾野《すその》を広げていくことを狙っているわけです。

⑥証券会社が倒産したらどうなるか?

証券会社自身のお金と、投資家が買うために払い込んだお金は、会社の中ではっきり区別され、投資家の払い込んだお金は保護されています。

万が一、証券会社が倒産してしまっても、あなたのお金はなくなりません。

⑦投資した企業が倒産したらどうなるか?

投資した企業が倒産してしまったら、その株券はただの紙切れになってしまいます。

あなたが選んで投資した企業に関しては、あなたの自己責任ということになるのです。あなたが投じたお金は、誰も保証してくれません。

「株で大損」とか「株で全財産を失った」とかいうことが起こりうるのは、こういうときです。

株を買うなら、「このお金、ひょっとしたらなくなっちゃうかもしれないな。減ってしまうかもしれないな」と考えてみて、それでも生活に大きな支障が出ないと判断できる程度の金額を投じるようにしましょう。

ひとことコラム

「新聞の株価欄」

★新聞の株価欄には必ず「表の見方」が付記されている。それを参照して、それぞれの企業の売買単位を見たり、今後の動向を見守ることができる。

投資する③

たくさんある株式市場。それぞれの違いは？

新聞の株価欄を見ると、東証第一部、第二部に始まり、マザーズ、ジャスダックなどなど、いろいろな種類の株式市場がある。

それらは、それぞれどんな市場で、どのような違いがあるのだろうか？

第一部、第二部の違いがある

株の売買は証券会社に依頼しておこないます。証券会社があなたに代わって株の売買をする場所を証券取引所と言います。日本国内には、東京証券取引所のほか、札幌、名古屋、福岡にもあります。ただ、東京証券取引所の取り引きが圧倒的に多いので、テレビや新聞に出てくる株式市場は、東京がほとんどです。ちなみに、以前は大阪にもありましたが、現在は「大阪取引所」と名を変

東京・日本橋兜町、東京証券取引所の様子
(写真:共同通信社)

え、金融デリバティブ(金融派生商品)専門取引所として位置付けられています。

東京証券取引所の場合、第一部、第二部、マザーズ、ジャスダックの四種類があります。「東京証券取引所一部上場企業」という言い方をあなたも聞いたことがあると思います。

東京証券取引所の中の第一部で株が売買されている企業のことです。

「**上場**《じょうじょう》」とは、「株式市場に上がっている」という意味です。いわゆる大企業の代名詞としても使われています。「私のカレの会社は一部上場でね」などという友人の自慢話を聞かされたことがあるかもしれませんね。おっと、あなたが使っているかも……。失礼しました。

さて、それはともかく、第二部は、第一部で取り引きされるほどの大企業ではない、というクラスの会社の株が売買されています。と言っても、証券取引所で取り引きされていること自体、「社会に認められた企業」を意味しますから、大手の企業であることに変わりはありません。企業としては、まず第二部に上場し、会社がさらに発展したら第一部に昇格する、という道を目指しているのです。

「マザーズ」「ジャスダック」はどんな市場か?

マザーズというのは、新しく誕生したばかりで伸び盛りの会社の株を売買できる市場です。

第一部や第二部に上場するためには、過去の実績が重視されますから、歴史の古い企業が多くなります。新しい会社が上場しにくいのです。そこで、株式市場への上場の条件をゆるくして、上場しやすくしたものです。

株を上場すると、その会社が発行した株が高く売れますから、会社に莫大《ばくだい》な資金が入ります。そのお金でさらに会社が発展できる、というのが株式市場本来の目的です。

マザーズは、第二部に上場するだけの実績がない会社でも、株式市場で株を売買できるようにしようと設けられました。

マザーズ上場会社は一定の要件を満たすことを条件に、第一部・第二部に市場変更することが可能です。

ジャスダックも、第一部や第二部にまだ上場できない歴史の浅い企業の株が売買されています。

こうした歴史の浅い企業は、急成長する期待がかけられる反面、急激に業績が悪化する可能性もあります。ハイリスク・ハイリターンの企業が多いのです。

もし投資を考えるのなら、自己責任の原則を思い出しましょう。

ひとことコラム

「上場」

★「上場」とはその企業の株が株式市場で売買されているということ。第一部、第二部は、歴史の古い企業が多く、マザーズは新しい企業が多い。どちらにしても株式市場に上がるということは「社会に認められた企業」を意味する。

投資する4

株を買うにあたって、注意したいことは？

よく、株で破産したなどの話を耳にするが、株って深みにはまるとんでもないことになりそう。そうならないためにも、株を買う前に、心がけておくべきことはあるのだろうか？

株式投資は長い目で考えよう

株は深入りしすぎると、とんでもない損失を生むことがあります。始めようと思っているのなら、次の二つのことを心がけましょう。

まずは、株に使ってもいいお金と、それ以外のお金をはっきり分けることです。家賃や生活費など毎月必ず使うお金、けがや病気、友人の結婚式など予想外の出費のためのお金、そしてそれ以外のお金の三つに分けておくのです。

株を買うのは、「それ以外のお金」の範囲内にすると、自分に誓いましょう。そうしておけば、必要なお金にまで手を出すことには、ならないはずです。

もう一つ心がけることは、短期に株で儲けようという考えを持たないことです。「株で儲けようとしないんだったら、なんで株なんかやるの？」と思う人もいるかもしれませんね。

株を始める人の大半は、安いうちに買って高くなったら売る、ということを繰り返してひと儲けしようと考えています。

すると、そのために、毎日毎日、新聞の株価欄に目を通し、仕事中にラジオを聞き、職場のパソコンで株価速報をチェックし、証券会社に電話をかけ……、ということになりかねません。しまいには目が血走ってくるなんてことになるかもしれませんね。

株で儲けようと考えてばかりいると、いわゆる「売り時」「買い時」を気にしすぎて、あなたの仕事や大事な私生活がおろそかになる危険性があるのです。

すでに述べたとおり、株も立派な投票行動なのですから、株を買うということは、その会社を応援するということでなければいけないと私は思います。

あなたが応援した結果、良い企業が生き残っていけば、結果的にトクをするのは自分なのだというふうに、長い目で考えましょう。

株式投資で心がけること

心得★その１

株に使ってもいいお金と
それ以外のお金を
はっきり分けること

株用

●株を買うのは、
「それ以外のお金」
の範囲内で!!

●株で儲けよう
と考えてばかりいると、
仕事や私生活がおろそかになる危険性がある。

非常用

●友人の結婚式などの
冠婚葬祭や、ケガ・病気
などの万が一に備える
非常用のお金。

生活用

●家賃やローン、食費や
水道光熱費などの生活費、
毎月の固定費は絶対に
切り崩さないように。

心得★その２

短期に株で儲けよう
という考えを
持たないこと

株の値動きは
一切気にしない!!

その会社を応援する気持ちで気軽に

自分の感覚を基準にしてみよう

短期的な売買は避け、どの企業の株を買うかという判断も、買い時売り時ではなく、自分の感覚を基準にしましょう。新聞の株価欄を眺めてみても、そもそも素人が株の値動きを読めるはずがありません。それよりも、自分の感覚で素敵なもの、良いサービスを提供している企業を見つけるほうが、よほど簡単です。

自分の感覚にしたがって買ったら、その後は株価の上がり下がりも見ないことです。「ああ、健闘《けんとう》しているな」と思う程度ならいいのですが、値段を見始めると、やっぱり儲け心が出てくる危険性があります。

若い女性の感覚が世の中を動かしているのですから、あなたが素敵だなと思う企業の株は、やがて上がっていくはずです。それくらいの気持ちでどんと構え、株の値動きは一切気にしないことをおすすめします。

株を買うと、証券会社は「売りましょう、買いましょう」とさかんに勧めるかもしれません。証券会社は、株を売り買いする手数料で利益を得ているからです。「証券会社が声をかけてくるのは会社が儲けたいからだろう」と考えて、証券会社のセールスは無視するくらいの心がけが大切なのです。

投資する5

株を買うのは企業を応援すること。
わかってはいるけど、それだけでは満足できない！
株主になったからには、
株主ならではの特典があってもいいはず。
よく耳にする「配当金」や「株主優待」って、
いったいどんな制度なんだろう？

株式投資の魅力ってなんだろう？

「配当金」は投資のお礼だ

株を買うのは、その企業を応援すること、と言われても、株を買う楽しみは、やっぱり儲けを出すことだろうと考える人もいるかもしれません。

しかし、株を売り買いして儲けるという考えを捨てると言っても、株を買うと、トクすることがあります。

まずは、「配当金」というものがあります。これは、企業が投資してくれたお礼として、利益の一部を株主に分配するものです。

その利回りは、東京証券取引所一部上場企業の平均で、だいたい一パーセントから二パーセントくらいです。金利〇・〇一パーセントで銀行に預けたり、〇・五パーセントの国債を買ったりするよりも、ずっとおトクと言えるでしょう。

もちろん、実際に得るお金は企業によって異なるので、あくまで平均で見ればということですが。

配当金は、一株につきいくらというふうに決定されます。たとえば、一株につき十円の配当金が出る株を千株持っていたら、一万円もらえるということです。

したがって、配当金の金額は何株買うかによりますが、ちょっとした金額を投資していれば、思いがけない小遣い稼ぎにはなるでしょう。

株で大儲けを考えなくても、少しはお金が入ってくる、といったところでしょうか。

株主だけの特典もある

また、最近では株を買ってくれた人（**株主**）にさまざまな特典がある「**株主**

優待」も充実してきています。

たとえば遊園地を経営している会社ならば入場券を送ってくれたり、居酒屋のチェーンなら、そのチェーンで使える商品券を送ってくれたりといった特典を用意しているのです。

鉄道会社は優待パス、航空会社は航空券の引換券を提供するケースもあります。毎年、自社の商品を送ってくる会社もあります。

もちろん、配当金とは別のものですから、株主優待を現金に換算すると、結構な利率になります。

どんな会社が株主にどのような優待サービスをしているか紹介する本も出ています。

優待サービスの点から買いたい株を探す、というやり方もあるかもしれませんね。

銀行に預けてもこれほどの特典はありません。ならば、大儲けはできなくても、株を買ってみる価値もありそうですね。

好きな企業に投資したら利益を少し分けてもらえた、しかもいろんな特典があった、というのが極めて健全な投資の形です。

ひとことコラム

「配当金」

★企業が投資してくれたお礼として、利益の一部を株主に分配するもの。

「株主」

★会社に対して事業を応援するため投資（資金を投下）する人。その証明書として株券を保有する。

「株主優待」

★株主（株を買ってくれた人）だけが受けられる、さまざまな特典。

投資する⑥

株のほかにも、おもしろい投資先はある？

国債や投資信託、外貨など、株のほかにも投資先がいっぱい。興味はあるけれど、そもそもどういう商品があるのか、何に注意すればいいのか、わからないことだらけ。それぞれ、投資先としてどんな魅力があるのだろうか？

ファンドを始めるなら「ETF」に注目

ファンド（投資信託＝投信）とは、お客のお金を預かった運用のプロであるファンド・マネージャーがいくつもの株や債券に分散投資をして、リスクに応じたリターンを目指すものです。

一万円程度の少ない資金で投資に参加できる点が大きな魅力ですが、いざ始めるとなると、利益を上げるのはそう簡単ではありません。

とくに気をつけなくてはいけないのは手数料です。購入時に販売手数料がかかることに加えて、運用中は運用してもらうファンド・マネージャーへの報酬という意味で信託報酬を支払わなくてはならないし、ファンドが株式などの入れ替え（売買）をおこなうたびに発生する売買手数料により余計なコストを負担する場合もあります。さらに換金時には、利益が出ていれば二〇パーセントの税金（一五パーセントの所得税と五パーセントの地方税）がかかるほか、途中で解約した場合は解約手数料を徴収されることもあります。

なかでも「ファンド・オブ・ファンズ」という、海外でいい成績を出しているファンドで運用する商品は、日本の運用会社に販売手数料を支払ううえに、その会社が海外のファンドを購入する段階で生じる手数料も負担することになり、二重に手数料がかかります。よほど高い利益を上げてくれなければ、個人投資家は手数料を吸収することはできません。結果的に、手数料分だけ利益が減り、運用会社を儲けさせるだけ、といった事態を招かないとも限らないのです。

せっかく運用がうまくいっても、コストで足を引っ張られては元も子もありません。近年はネット取り引きを中心に、販売手数料のかからない投信の商品（ノーロードという）なども出ているので、その辺も含めて、自分が購入したいファンドにはどのくらいのコストがかかるか、しっかりとチェックする必要があります。

それにファンドは、手数料の問題だけではなく、種類がたくさんありすぎて、なかなか自分に合う商品を選べないのも難点です。選ぶのに困っている人には、「ＥＴＦ（上場投資信託）」と呼ばれるファンドもあります。

これは日経平均株価やＴＯＰＩＸ《トピックス》などを構成する多くの株の銘柄を組み込んだファンドで、株価指数の上下に連動して価格が変動します。販売手数料はかかっても一パーセント前後と安いし、言ってみればファンド・マネージャーはコンピューターなので信託報酬はゼロに近い低率に抑えられており、ほかのファンドに比べてコストが格段に安くすみます。

しかもＥＴＦの値動きは、毎日のニュースで報道される日経平均やＴＯＰＩＸの株価をチェックするだけでＯＫ。初心者にとってわかりやすいのも、大きな利点でしょう。

また、日経平均やＴＯＰＩＸを構成する企業が全滅する危険はまずないのでリスクは低く、そのわりに意外と価格変動が大きいのが特徴です。たとえば「日経平均二万円割れ」なんて底値で買っておくと、数カ月で二千円も値上がりするようなこともなきにしもあらず、なのです。場合によっては、金融商品の常識を破って「ローリスク・ハイリターン」を実現する商品に化ける可能性もあります。

「ETF以外のファンドを買うのはやめなさい」とまでは言いませんが、ファンド・マネージャーの大半がどんなにがんばっても日経平均株価ほどのパフォーマンスを上げられない、という現実を知っておいてくださいね。

「FX」はアンタッチャブル

日本では低金利が続いていることもあって、資産の一部を外貨で持とう、「FX（外国為替保証金取引）に挑戦しよう」とする傾向が高まっています。それは悪い考え方ではありませんが、投資の初心者である〝素人さん〟に「FX」はおすすめできません。というよりアンタッチャブル、手を出してはダメです。

「FX」というのは、少ない資金で大きな取り引きができることが特徴です。証拠金を担保に、その何倍、何十倍の取り引きができるのです。これを「レバレッジをかける」といいます。レバレッジとは梃子《てこ》のこと。小さな力で重いものを動かすことができるイメージです。イメージとしては「証拠金を担保にして、外貨を売買するのに必要なお金を借りる」感じですね。

たとえば百万円の証拠金で、十倍のレバレッジをかけて一千万円分の米ドルを取り引きする場合を考えてみましょう。一ドル＝百円とすると十万ドルを取り引きすることになり、ドルが三円高くなって一ドル＝百三円で決済すると、差益金は三十万円。百万円の元手で三十万円の利益を得られることになります。

これだけ聞くと「すごく儲かるじゃない」と思うかもしれませんが、もしドルが逆に三円安くなったらどうでしょう？　三十万円の損失を計上しなければなりません。元手が一気に七十万円まで減ってしまうことは言うまでもありません。

こんなふうに「ＦＸ」は、うまい具合にドル高・円安局面で勝負できれば儲かりますが、ドル安・円高局面になると、あっという間に元手の百万円では足りなくなってしまいます。こうして数百万円というとてつもない損失を出した人が大勢いるのです。

なぜＦＸで〝大火傷《やけど》〟をするかと言うと、為替がどう動くかなんて、プロですら予測不可能な部分が大きいからです。言わば「丁半博打《ばくち》」のようなもの。常にドルを売買しているファンド・マネージャーだって「まさか円高になるとは」などとしょっちゅう頭を抱えています。そんな〝ギャンブル〟に素人が手を出してもうまくいくわけがありません。

それでも「どうしてもやってみたい」と言う人は、最初はレバレッジをかけずに等倍でやってみてください。それなら、少なくとも元手をすべて失って、さらにマイナスを出す、なんてことはないし、為替の変動を予測することで経済の勉強にはなるでしょう。

ひとことコラム

「TOPIX《トピックス》」

★東証株価指数のことで、Tokyo Stock Price Index の頭文字をとった略語。東京証券取引所一部上場企業の株を対象に、一九六八年一月四日（基準日）の時価総額を一〇〇とし、その後の時価総額を指数で表したもの。

◎「日経平均株価」

★「平均株価」と言うくらいですから、その日売り買いされた株価を全部合計して企業数で割ったもの、と思いがちですが、そうではありません。
★平均株価とは、企業の株価を足して割ったものではなく、日本を代表すると考えられる企業二百二十五社を対象に、算出したものです。日本経済新聞社が計算して発表しているので「日経」の名前がついています。
★少し複雑ですが、平均株価を出すしくみを説明しましょう。株を始めるのならば、知識として持っておいても損はないと思います。
★冒頭で需要と供給の話をしましたが、株も人気が高ければ高く取り引きされるし、低ければ安く取り引きされます。株の人気は日々動いていて、株の値段も、その人気度によって日々変わっています。
★たとえばきょう、ある会社が画期的な技術を発明したと発表したとします。となると、その会社の輝く将来に投資したいと、誰もがその企業の株を欲しがり、その企業の株価が上昇します。
★反対に、その企業が実は大変な経営難で、年内にも倒産してしまうかもしれない、という情報があったとします。すると、その企業の株を持っている人は、損しないうちに我先にと売ろうとする一方、買う人もいないため、その企業の株価は下がります。
★まずは、前提として、このことを頭に入れてください。
★平均株価の計算は、まず、先述の二百二十五社のその日の株価を合計し、それを「除数」で割ります。「除数」とは、割り算のときの「割る数」のこと。平均を出すのですから、除数は二百二十五であるはずですが、話はそう単純ではありません。二〇一九年一月現在、除数は約二十七です。
★最初は、二百二十五で割って平均値を出していました。ところが、ある企業の株価が高くなりすぎて買える人がいなくなるということになって、株の分割がおこなわれるようになりました。このため、単純に二百二十五で割ることができなくなったのです。
★どういうことかというと、たとえば、ある企業の株価が、一万円に上がったとします。昔は必ず千株単位で取り引きしていましたから、その企業の株を買うには、最低一千万円というお金が必要になります。
★これでは、おいそれとは買えません。そこで、株の発行数を二倍にします。もしその企業が売っていた株が十万株だったとしたら、それを一気に二十万株に増やすのです。
★十万株売られていて、一株一万円だったのですから、それが二十万株に増えれば、一株の値段は、一気に半額の五千円になります。千株買うならば五百万円です。
★そうすれば、一千万円は出せないけれど五百万円なら出せるという投資家が、株を買うことができます。こうして、発行数を増やして一株の値段を分割することで、より多くの人に株を買ってもらおうとしたのです。
★さて、一つの企業の株価が半額になったのですから、通常通りに平均を出すと、当然、平均株価は下がってしまいます。

★しかし、この場合、一つの企業の株が半額になったのは、あくまで株の発行数を増やしたからであって、人気が下がったからではありません。平均株価は下がったが、実際の株価は下がったわけではない、という変なことになってしまいます。
★そこで、除数を減らすことにしました。つまり、割るほうの数（分母）を減らせば、平均値が下がらないですむというわけです。
★こうして株が分割されるたびに除数が下がり、もはや今では、平均値という意味ではなくなりました。連続的に見たうえで、上がっているか下がっているかを見る基準でしかないのです。つまり、「平均株価」という言葉は残っていますが、実は「平均」ではなく、ただ、日本経済全体としての動向を見る指標として機能しているだけなのです。
★これが、一つひとつの株価は百円単位なのに、「平均株価」が一万円台になるという〝数字の魔術〟の秘密というわけです。

借りる

いいイメージのない
「借金」
経済では「借金」をめぐって、
どのようにお金が
回っているのか知ろう

借りる 1

気軽に借りられるカード会社や消費者金融。でも本当に大丈夫？

近頃、クレジットカードや消費者金融のCMが増えてきた。
クレジットカードはサインするだけで、欲しい物が手に入る。
消費者金融もいつでもどこでも手軽にお金を借りることができる。
どうして、そんな便利なしくみが
成り立つのだろうか？

カードでの買い物も「借金」になる

ひと口に借金と言っても、いろいろありますね。

なかでも、一番あなたになじみ深いのは、カード会社からの借金ではないでしょうか。

あなたはあまり意識していないかもしれませんが、カードで買い物をすることも、立派な借金になります。

ご存じのとおり、カードで買い物をすると一カ月遅れくらいで請求書が来ます。商品を買ったお店には、カード会社からお金が振り込まれます。つまり、あなたはカード会社からお金を借りて買い物をし、あとからカード会社に「返済」するというわけです。

カードで買い物をするときには、必ずサインをします。それは、「たしかに、これだけの借金をしました」という借用書にサインをすることと同じと言えます。

最近は金額によってはサインなしでOKだったり、サインのかわりにカードの暗唱番号を使う例も増えていますが、それも同じことです。

しかし、「借金」と言うには、あまりに手軽すぎるのかもしれません。サインをするだけでいとも簡単に欲しい物が手に入るので、錯覚《さっかく》を起こしてしまう人も多いようです。

そういう人は、次第にカードを「何でも手に入る魔法のカード」と勘違いし、カード地獄に陥《おちい》ってしまいます。

「手軽さ」が要注意だ

最近では、消費者金融で借金する若い人も増えています。テレビのコマーシャルなどを通して盛んに「保証人も担保も不要。簡単・迅速《じんそく》な手続きで手軽に借りられる」ことが宣伝《せんでん》されているので、つい軽い気持ちで借りてしまうのでしょう。

しかし、その「手軽さ」に目を奪われたばかりに、いつの間にか利子が雪だるま式に増え、利子すら払えないような状況になる場合があります。なかには、利子を払うためにまた別の消費者金融から借金して、ということを繰り返し、多重債務者になってしまう例もあるのです。

なぜ、そうなってしまうのか。

一番の原因は、高すぎる金利にあります。二〇〇六年十二月二十日に貸金業規制法が改正・公布される以前は、グレーゾーン金利というものがありました。

利息制限法の上限金利（一五～二〇パーセント）を超える金利でありながら、出資法の上限金利（二九パーセント）以下の金利部分をグレーゾーン金利と呼びました。

消費者金融はこのグレーゾーン金利を利用して、資金源である銀行から二パーセントほどの金利でお金を借り、そのお金を二七パーセントくらいの利率で客に貸し出していたのです。

「手軽さ」に惹《ひ》かれて消費者金融からお金を借りた人が、いかに高い利子を払っていたかがわかるでしょう。

ただし現行の貸金業規制法では、グレーゾーン金利が廃止されています。これによって、たとえば二八パーセントの金利で二十万円を借りた場合、法定金利一八パーセントに相当する金利については支払う義務がありますが、さらに一〇パーセントに相当する金利を支払う義務はなくなりました。

最近よく、広告で、弁護士事務所が「過払いを解決してあげましょう」と宣伝しているのを見かけませんか？

これは一見すると、消費者金融のいわば〝食い物〟にされていた債務者を救う業務ですが、他方で弁護士事務所はその手数料商売で大儲け、といった様相を呈しています。

これにより低利で銀行から借りたお金を高利で消費者に貸し、その差額で儲けていた消費者金融会社は経営が厳しくなっています。

また貸金業規制法の改正では、もう一つの大きな注目点があります。それは、多重債務者対策として、貸金業者からの無担保借入額の総合計が原則年収の三分の一までと規制されたことです。

これは、消費者金融から借りる場合だけではなく、クレジットカードでキャッシングするときも同じです。

キャッシングについては消費者金融以上に気軽に利用していた人も多いと思いますが、これまでカードごとに個別に管理されていた限度額が総枠で管理されます。利用に当たっては、給与明細を提出するなどの「所得確認」も義務付けられます。

カード会社はこれまでキャッシングで利益を上げていた部分が大きいので、かなりの打撃を受けました。

消費者金融だけではなく、カード会社のキャッシングだって一〇パーセントを超える高利であることに変わりはないのですから、こういうお金を貸すだけの金融機関である**「ノンバンク」**からの借金はしないにこしたことはありません。

借金の中で、一番手堅《てがた》いのは、言うまでもなく銀行からの借金です。時間がかかる手続きが必要になりますし、あなたが信用できる人間かどうか、つまり、確実に返してくれる人間かどうかが、厳しく審査されます。

でも、この審査を通れば、消費者金融よりはるかに安い利子で借金ができるのです。

借金にはいろいろあります。

使い方を間違えると、あなたは、とんでもない借金地獄に陥ってしまいます。

まさに、「ご利用は計画的に」です。

ひとことコラム

「キャッシュレス」

★現金ではなく、クレジットカードや電子マネーなどを利用した電子決済が広く普及しつつある。これを受けて二〇一八年、政府は産学官からなる「キャッシュレス推進協議会」を立ち上げ、キャッシュレス社会実現のための活動を進めている。

借りる 2

いろいろあるカードの返済方法。どんな違いがあるのだろう？

いろいろあるカードの返済方法。
一括払いや分割払い、ボーナス一括やリボルビング払いと、さまざま。それぞれどのようなしくみで、どれくらい手数料に差があるのだろう？
また、どの返済方法なら無駄がなく、
毎月の財布にも負担なく、
支払えるのだろうか？

「リボ払い」にご用心

カードの支払い方法（つまり借金の返済方法）は、一括や分割、ボーナス一括やリボルビング払いなど、さまざまです。

一括は、翌月に支払いをすべて済ませてしまおうというのですから、利子も加算されず、一番健全な支払方法でしょう。

しかし、礼服やブランドもののバッグなど、一括で払うなんてとても無理、という高価な買い物もあるものです。

そうなると、分割かボーナス、あるいはリボルビング払いを使うという方法もあります。この中で一番損なのは、リボルビング払い、いわゆる**「リボ払い」**です。

リボ払いは無駄が多い

分割もリボ払いも、少しずつ返済するという点は同じですが、しくみも違えば、手数料のかかり方も違います。

分割払いは、支払い回数を決め、代金をその回数で割った金額を毎月返済するというものです。たとえば二十万円を十回で返済する、というやり方です。

一方、リボルビングは、毎月たとえば一万円ずつというように払う金額を決め、その金額を毎月返済するというものです。

分割払いの手数料は、毎月支払う金額に加算されます。毎月一律の手数料を支払うということです。これに対してリボ払いの手数料は、支払いが残っている金額に加算されます。つまり、毎月支払う手数料が異なり、支払い残金が減れば減るほど、手数料も減るのです。

手数料を均等に分けて払うか、最初は多めに払い、徐々に減っていくかの違いだと思うかもしれません。しかし、実際の利率で考えると、リボ払いの手数料は、一三パーセントから一五パーセントという高い利率になるのです。

毎月たくさんカードで買い物をする人にとっては、分割は「あれとこれとあれ……合計すると毎月いくらずつ払うのか……」という心配がつきまとうものです。それより、リボのほうが毎月支払う金額が明確なので安心な気がしてしまうのも、よくわかります。しかし、トータルで考えれば、リボ払いを重ねると、とてつもない無駄遣いをしていることになるのです。その点は、大いに気をつけたほうがいいでしょう。

なお、分割払いには、手数料がかかる場合とかからない場合がありますので、きちんとお店の人に確認したほうが安全です。

ひとことコラム

「リボ払い」

★「リボルビング払い」の略。カードの支払い方法の一つ。分割払いなどに比べて、支払う手数料が割高になるため、注意が必要。

借りる3

銀行との上手な付き合い方は？

将来のことを考えると「銀行に借金」なんてこともありそう。
審査の厳しい銀行の信用を得るために、
今からできる銀行との上手な付き合い方を教えてほしい！

銀行とは戦略的に付き合おう

将来のことを考えるならば、銀行と戦略的に付き合うことをおすすめします。いざお金が必要になったときに、頼れるのが消費者金融しかないようでは、心もとないものです。安全な借金をするために、今から銀行と「良い関係」を作っておきましょう。

その一番の方法は、「メインバンク」を作っておくことです。給料の振り込みや、公共料金の支払いなど、お金の出し入れをすべて一つの銀行に集中するのです。

できるだけ通帳を〝汚そう〟

そうすれば、銀行のほうは、すべての取り引きを任せるほど信頼してくれているのだと受け止めます。将来、あなたがお金を必要としたときには、その信頼に応えようとしてくれる可能性が強まります。あなたも、借金を申し込むときに、「私はこれだけ、ここの銀行を使ってきたのだ」と胸を張って言うことができます。

自分の銀行に口座を持っていないような人間に、銀行はおいそれとお金を貸したりしません。

「お金を貸してください」「当行に口座をお持ちですか?」「いいえ、持っていません」――これでは、銀行はその人を信用する材料がないのです。

もし口座を持っていても、去年開いたばかりで、お金の出し入れの記録がほとんどなければ、やはり、あなたを信用することはできないという判断を下すことでしょう。

一方、給料の振り込みなど、お金の動きが十五年分にもわたって、ずらりと並んでいる通帳（このことを、業界用語で**「通帳を汚す」**と言います）があれば、銀行は、あなたにお金を貸しても大丈夫だろうと判断します。あなたが、どういう「お金」の生活をしているかがわかるので、銀行が安心できるからです。

つまり、メインバンクを作るということは、あなたが信用してお金を貸せる相手だということを、銀行に示す証拠を徐々に作っていくということなのです。

将来、家を買うかもしれないし、子どもを産んで教育費がかさむかもしれません。今は銀行で借金をするなんて想像もできない人も、先手を打っておくにこしたことはないでしょう。

ひとことコラム

「通帳を汚す」

★メインバンクを作り、その銀行でのお金の出し入れの記録をなるべく多く、長く残すことで銀行との信頼関係が生まれる。

借りる4 どんな銀行が安全なのか？

私たちの大切なお金。預けること、借りることを考えれば、銀行は慎重に選びたい。日頃のことを思えば、近くて便利な銀行が一番だけれど、銀行が次々に破綻《はたん》するこのご時世。絶対安心、絶対信頼できる銀行選びの基準はあるのだろうか？

「自己資本比率」で見極めてみよう

銀行を選ぶ基準は、基本的には「近くて便利」で構いません。あなたの自宅の近く、あるいは勤務先の近くにあって、お金の出し入れが便利な場所にある銀行を選べばいいのです。今はペイオフ制度（ひとことコラム171ページ参照）があって、一千万円までの預金とその利子なら保護されるからです。

でも、それ以上の預金があって、「倒産したら困る」という心配をしている人だったら、倒産しそうもない、しっかりした銀行を選ぶ必要があります。

そこで、銀行の経営状態の良し悪しを見極める基準を簡単に説明しましょう。それは、**「自己資本比率」**と言われるものです。

まず、銀行には大きい財布と小さい財布があると想像してください。大きい財布には、皆さんが預けたお金が入ります。一方、小さい財布には銀行が自分で持っているお金が入っています。これを「自己資本」と言います。

あなたが銀行に預けたお金は、実はいろんな会社に貸し出されていますから、銀行にお金自体はそんなに残っていません。でも、使ってしまったものではなく、いずれ利子つきで返ってくるはずのものですから、これは銀行の「資産」ということになります。

一方、「自己資本」は、純粋に銀行にストックされているお金ですから、小さい財布には、ぎっしりお金が詰まっているということになります。

さて、いずれ返ってくるお金と言っても、貸し出し先の企業が倒産したり個人が破産してしまったりすれば、そのお金は回収できなくなります。つまり、銀行があなたから借りたお金をなくしてしまったということです。

それでは大変。そこで、回収できなかった分の穴埋めをするのが、「自己資本」です。穴埋めできる「自己資本」をたくさん持っているほど、その銀行にお金を預けても安心、ということになりますね。だからこそ、銀行が「資産」に対してどれくらいの比率の「自己資本」を持っているのかが重要になります。その目安となるのが「自己資本比率」なのです。

一般的には、八パーセントを超えていれば、その銀行は健全な経営状態であり、海外での仕事をしても大丈夫、とされています。また日本国内だけで仕事をする銀行は、それだけの自己資本を持っていなくてもいい、ということになっていて、こちらは四パーセント以上の自己資本比率を求められます。

最近は、この自己資本比率を気にする人が増えているので、経営状態のいい銀行は、新聞広告で「当行の自己資本比率は何パーセント」と明記するようになっています。

二つ目の見極めは「ディスクロージャー誌」だ

もう一つ、「ディスクロージャー誌」をリクエストしたときの銀行員の反応も参考になります。ディスクロージャー（開示）誌とは、銀行の経営状態が詳しく書かれている資料のことで、銀行には公開する義務があります。

非常に専門的な資料なので、とても素人目にわかるようなものではありません。しかし、注目すべきは、リクエストしたときに行員が「どうぞどうぞ」と

どんな銀行が良い銀行か？

基準は自己資本比率

銀行の経営状態の良し悪しを見極める基準が「自己資本比率」です。銀行が「資産」に対してどれくらいの比率の「自己資本」を持っているかで、その銀行の「実力」がわかります。

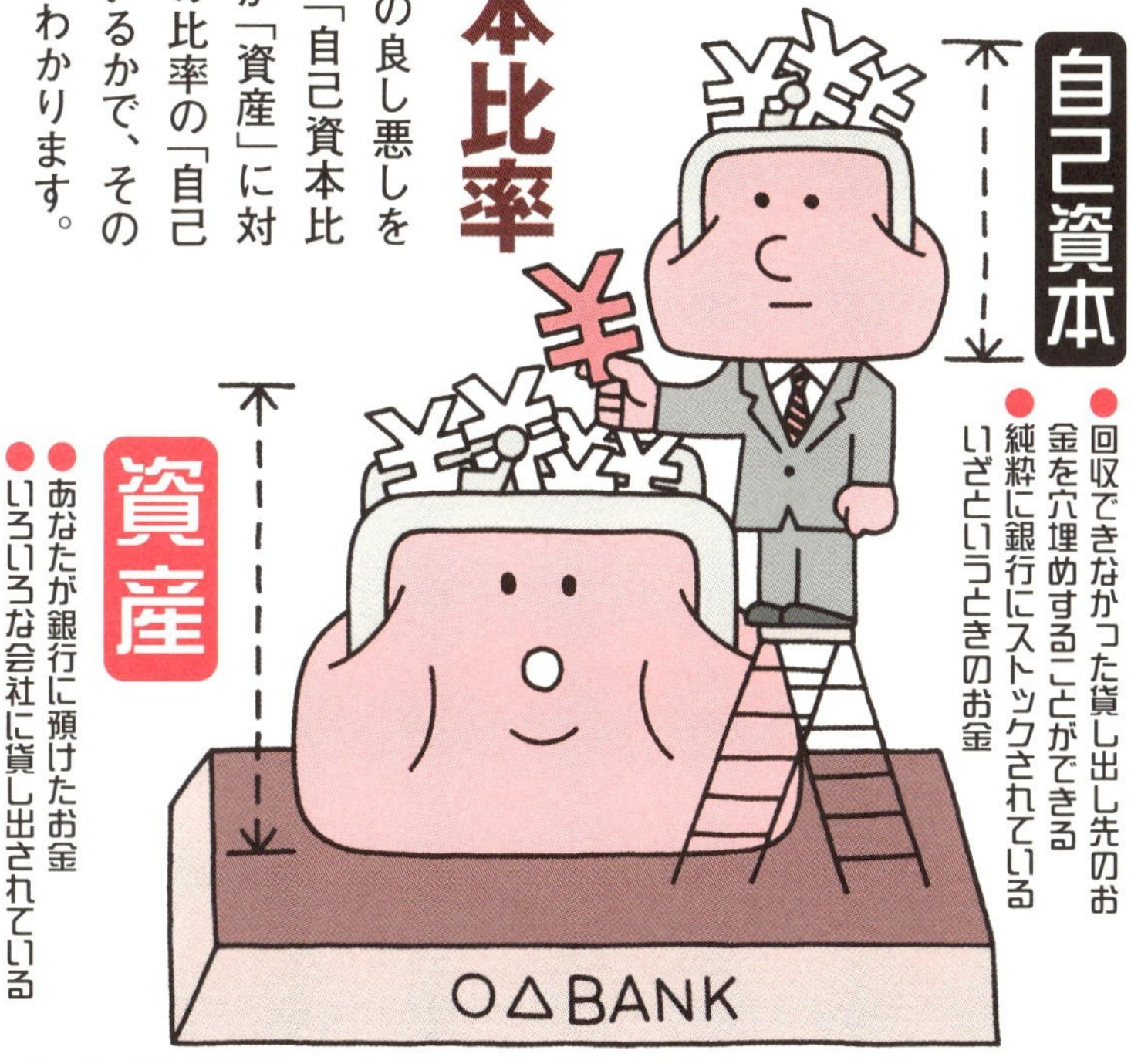

自己資本
●回収できなかった貸し出し先のお金を穴埋めすることができる
●純粋に銀行にストックされている いざというときのお金
資産
●あなたが銀行に預けたお金
●いろいろな会社に貸し出されている
○△BANK

※自己資本比率計算式

$$\frac{\text{自己資本}}{\text{資産}} \times 100 = \text{自己資本比率}$$

▼自己資本比率４％以上
日本国内であれば大丈夫
健康な経営状態

▼自己資本比率８％以上
頼って安心、海外の仕事もOK

積極的に見せてくれるかどうかです。そこでいぶかしがられたり、はぐらかされたりしたら、その銀行の内部には、ディスクロージャーを見せたくないという雰囲気がある、ということがうかがえます。行員が、「うちの経営状態はよくないからなあ」と感じている証拠かもしれないのです。

ちなみに、メインバンクを都市銀行に限る必要はありません。むしろ、地方銀行や信用金庫、信用組合のほうが地元に密着しているため、より親密に相談に乗ってくれるかもしれません。経営状態も、大手の銀行より健全、というところもあるのです。

こんなことを参考に、あなたの気持ちやセンスにぴったり合ったメインバンクを探してみてください。

ひとことコラム

「自己資本比率」

★銀行が資産（預金者の預金）に対して、どれくらいの比率の自己資本（銀行が自分で持っているお金）を持っているか、というもの。銀行を知るうえで大事なキーポイントの一つ。

借りる5 銀行か消費者金融か。一番賢い借金方法は？

消費者金融での借金は手軽で便利だが金利が高い。

一方、銀行からの借金は金利が安い。

同じ借金でも、両者の間では借金のしくみや社会的なイメージにも随分差があるように感じる。

銀行と消費者金融の借金のしくみについて、詳しく知りたい。

消費者金融の金利はなぜ高い？

消費者金融はかつて、二七パーセントで銀行から借りたお金を、二七パーセント程度で貸していたけれど、貸金業規制法の下、グレーゾーン金利が廃止されて上限一五～二〇パーセントに引き下げられた、ということはすでにお話ししたとおりです。

二五パーセントもの差額を手にしていたときと違って、消費者金融の会社はもはや「儲かって、笑いが止まらない」状況ではなくなりました。

それにしても、消費者金融はどうしてそんなに高い金利でお金を貸すのか。それは、その金利は、返さない人のお金の分まで肩代わりしているからなのです。大勢から高い金利をとっていれば、そのうちの何パーセントかの人がお金を返せなくなっても穴埋めできる、というしくみなのです。

消費者金融でもお金を借りるときに審査がありますが、それは、銀行よりはるかにゆるいものです。

要求されるのは、身分証明書や勤め先の情報くらいのもので、勤め先が存在するかや既婚者なのかどうかを調べたりして、融資可能かどうかを判断します。その際、消費者金融会社同士で情報交換しているデータベースも参照します。

その人が過去にどこかの消費者金融で借金を返せなかったという「ブラックリスト」にのっていないかチェックするのです。その答えはすぐに出ます。

それだけ簡単にお金を貸してくれるということは、逆に言えば、お金を返せない人に貸してしまう確率も高いことになりますから、高い金利をとって危険に備える、というわけです。

銀行から借金すると信用も得られる

反対に銀行からの借金、たとえば住宅ローンの金利が安いのは、厳しい審査をし、**担保**を取ったうえのことだからです。

消費者金融からの借金は、あなたの信用を落とす可能性がありますが、銀行からの借金は、むしろあなたの信用を高めます。

消費者金融は審査が簡単なので、たいていの人が借りることができます。一方、銀行の査定《さてい》は厳しく、信用できない人には絶対に貸しません。

そうなると、銀行から借りることができた人は、いわば金貸しのプロである銀行から、「信用」というお墨付《すみつ》きを得たということになります。

反対に、消費者金融で借りているというデータがあると、お金をきちんと管理できなくて、やむなく消費者金融に手を出した人なのではないかと思われてしまう可能性があります。

クレジットカードの新規申し込み用紙に、住宅ローンの有無《うむ》などを問う欄があります。これは、カード会社が、加入希望者が銀行から住宅ローンを借りることができるだけの信用がある人かどうかをチェックするためのものです。住宅ローンを借りている人のほうが、カード会社は安心してカードを発行してくれるのです。

これらの違いを考えると、お金を返せない人の分まで肩代わりして消費者金融でお金を借りるのは、なんだかばかばかしいと思えてくるのではないでしょうか。

消費者金融に高い金利を払うより、銀行と地道《じみち》な信頼関係を築いたほうが、将来のためには有利です。

それでも、月末などに、ちょっとだけお金が足りなくなる、ということがあるかもしれません。そんなとき、銀行によっては、預金口座の引き落としのお金が足りない分を自動的に融資するというサービスを提供しているところもあります。

もちろん、誰にでもそうしているわけではありません。そういう意味でも、メインバンクを作って、銀行とうまく付き合うのが望ましいのです。

銀行は、自動的に融資する以外にも、顧客《こきゃく》を獲得するためにさまざまなサービスを編み出しています。

パンフレットを見比べたり、銀行員に積極的に尋ねたりして研究を怠らず、あなたを高めるような賢い借金をしてください。

ひとことコラム

「担保」

★銀行から住宅ローンを借りるときは、必ず担保を要求される。担保とは、「もしお金が返せなくなったら、これを取り上げてもいいですよ」と銀行に約束するもので、通常は土地になる。土地を担保にお金を借りて住宅を建て、少しずつ住宅ローンを返済する、ということになる。もしローンが返済できなくなると、担保の土地は銀行に取り上げられる。

借りる 6

銀行まで消費者金融を始めたのはなぜ?

近頃、ほとんどの銀行のATMのそばに、銀行が経営する消費者金融のATMが設置されている。消費者金融のことは消費者金融にまかせておけばいいものを、なぜ今、各銀行が消費者金融の経営を始めたのだろうか?

銀行、消費者金融に次ぐ、第三の選択肢もある

以前は消費者金融と言えば、なんとなく暗いイメージがありました。しかし、最近はそれも変わりました。テレビコマーシャルも頻繁《ひんぱん》に流して、「明るく簡単に借りられる」というイメージを作り出しています。イメージアップが必要なのは、それだけ過去のイメージが悪かったということなのですが。

この消費者金融が一時、高い収益を上げるようになると、銀行もその点に目をつけました。二パーセントの金利で消費者金融に貸すくらいなら、自分たちが直接、消費者金融の仕事を始めれば、もっと儲かるだろうと考えたのです。

しかし、消費者金融には長年蓄積したノウハウがあるので、銀行が急にこの仕事を始めたところで、簡単に利益が上がるものではありません。そこで銀行は、消費者金融と提携して、消費者金融よりは金利が低く、これまでの銀行よりは金利が高いという貸し出し業務を始めました。消費者金融と提携することで、消費者金融が持っているノウハウを獲得しようとしたのです。

銀行もここまで来たか、と考えるかもしれませんが、考えようによっては、むしろいいことなのかもしれません。

銀行か消費者金融かという選択肢に、第三の中間的な選択肢をもたらしたからです。

これまで、お金を借りると言えば、借りるのはむずかしいけれど低金利の銀行か、簡単に借りられるけれど高金利の消費者金融かという両極端の選択肢しかありませんでした。つまり、金利三パーセントで借りるのが無理なら、二七パーセントで借りるしかないという状態だったのです。あまりに落差がありすぎました。

存在するものは合理的である

これに対して、銀行が始めた消費者金融は、金利が一五パーセントから一八パーセントです。

もちろん、金利が低い分、通常の消費者金融よりは厳しい審査がありますから、ある程度の信用は必要です。

それでも銀行でお金を借りるのはちょっとむずかしいとか、急いで借りたい、という人には便利なのです。「お金を借りたい」と言う人にとって、選択の幅が広がったのです。

「存在するものは合理的である」というのは、**哲学者ヘーゲル**の言葉ですが、利用者がいる以上、そこには、それだけの存在価値があるということです。

これまで消費者金融が破綻せずにやってきているのが、なによりの証拠でしょう。

もし、返せない人ばかりならば、続くはずがありません。それだけ多くの人に、危機を一時的にしのぐ力を与えてきたということでもあるのです。銀行はここに目をつけました。

ひとことコラム

「ヘーゲル」

★Georg Wilhelm Friedrich Hegel（一七七〇〜一八三一）

ドイツ観念論哲学の代表者。論理・自然・精神の三部門から成る哲学体系を提示した。諸学問を哲学に統合しようと試みた。マルクス経済学を樹立したマルクスも、ヘーゲルの強い影響を受けた。

◎「日本銀行」

★経済ニュースにいつも出てくる日本銀行。あなたが持っているお札を発行している銀行でもありますね。日本銀行は、日本国内の「銀行にとっての銀行」なのです。
★あなたが銀行にお金を預けたり、銀行からお金を借りたりできるように、銀行も、日本銀行にお金を預けています。ただ、日本銀行にお金を預けておいても、利子がつくのはわずかです。それなのに、なぜお金を預けているのか。それは、銀行が日本銀行に口座を持っていることによって、銀行同士の取り引きがおこなわれるからなのです。
★たとえば、あなたがA銀行の窓口（あるいはATM）で、B銀行の口座への振り込みを依頼するとします。するとA銀行は、日本銀行にあるA銀行の口座から、同じ日本銀行内のB銀行の口座にお金を振り込みます。これはコンピューターのネットワークを使っておこないますので、実際にはいちいち現金が動くわけではありませんが、全国の銀行が日本銀行に口座を持っていることによって、これが可能になるのです。

★日本銀行は、銀行が保有している国債を買い上げたり、逆に日銀が持っている国債を銀行に売却したりして、銀行が持っている現金の量を調節しています。銀行が持つ現金が増えれば金利は下がり、逆の場合は上がります。この金利を政策金利といいます。
★日本銀行が政策金利を下げると、銀行は他の銀行から低い利率でお金を借りられますから、会社や個人にも低い利率でお金を貸し出すことができます。
★こうすると、会社は銀行からお金を借りやすくなりますから、お金を借りて新しい仕事を始めようという気になるかもしれません。あちこちの会社が次々に新しい仕事を始めれば、景気がよくなっていくはずです。
★日本銀行は、こうして日本全体の金利をコントロールしているのですが、肝心の銀行は、貸したお金が不良債権になることを恐れて、貸し出しに消極的です。景気コントロールがなかなか効かないのです。

世の中をつかむ

ニュースは不安を煽るばかり
世の中の動きをつかむ
キーポイントを知ろう

世の中をつかむ 1

世の中で銀行はどんな働きをしているのだろう？

銀行って、何か物を作って売るわけでもないし、
サービスを提供するわけでもない。
銀行の仕事・役割はわかっているようで、
いまいちよくわからない。
世の中になくてはならない存在らしいが、
世の中で銀行はどんな役割をしているのだろうか？

不景気の原因は銀行だ

これまで日本経済は不景気と言われてきました。不景気と言っても、人気のブランドショップの賑《にぎ》わいを見ると、ピンとこない感じがするかもしれません。でも、知り合いの親がリストラされた、という話を聞いたりすると、急に不景気が身近になるでしょう。世の中全体としては、不景気が続いてきたのです。

不景気の原因の主役は、銀行です。あなたも銀行に口座を持っているでしょう。給料も銀行振り込みのはずです。クレジットカードの買い物の引き落としも、携帯電話の使用料の支払いも、銀行口座を使っているはずです。銀行の仕事と聞いても、銀行関係に勤めてでもいないかぎり、あなたとは関係ないと思ってしまうかもしれませんが、ほら、こんなに深い関係にあるのです。この銀行の仕事を、ちょっと考えてみましょう。

私たちは、銀行に預けているお金が、○○銀行の金庫にあるような錯覚《さっかく》を起こしがちですが、当然ながら、そうではありません。銀行は、あなたから集めたお金を企業に貸しています。つまりあなたは、銀行が人に貸すお金を、銀行に貸しているのです。

銀行は、あなたのお金を他人に貸すという仲介役をすることで、大切な社会

銀行にはどんな働きがあるのか？

仲介役と企業育てが銀行の役割

▼▼▼「お金を貸したい人」と「借りたい人」の仲介役

▼▼▼有望な企業への融資による、会社育て

❶成長企業を見極め、融資する ●企業育てのプロフェッショナルとして、「トヨタ」や「ユニクロ」など、さまざまな企業を成長させてきた。

❷ 経営状態の悪い企業には貸さない
❸ 融資後の返済能力もチェックする

● 貸す相手が信用できるか、安全な貸し出し先を見つけ出す責任がある。

[企業を育てる]

● 仲介役として、銀行は貸したい人と借りたい人を結びつける

貸したい人 / 借りたい人

[仲介役]

❶ 貸したい人のお金を預かる
❷ お金を必要としている人に貸す

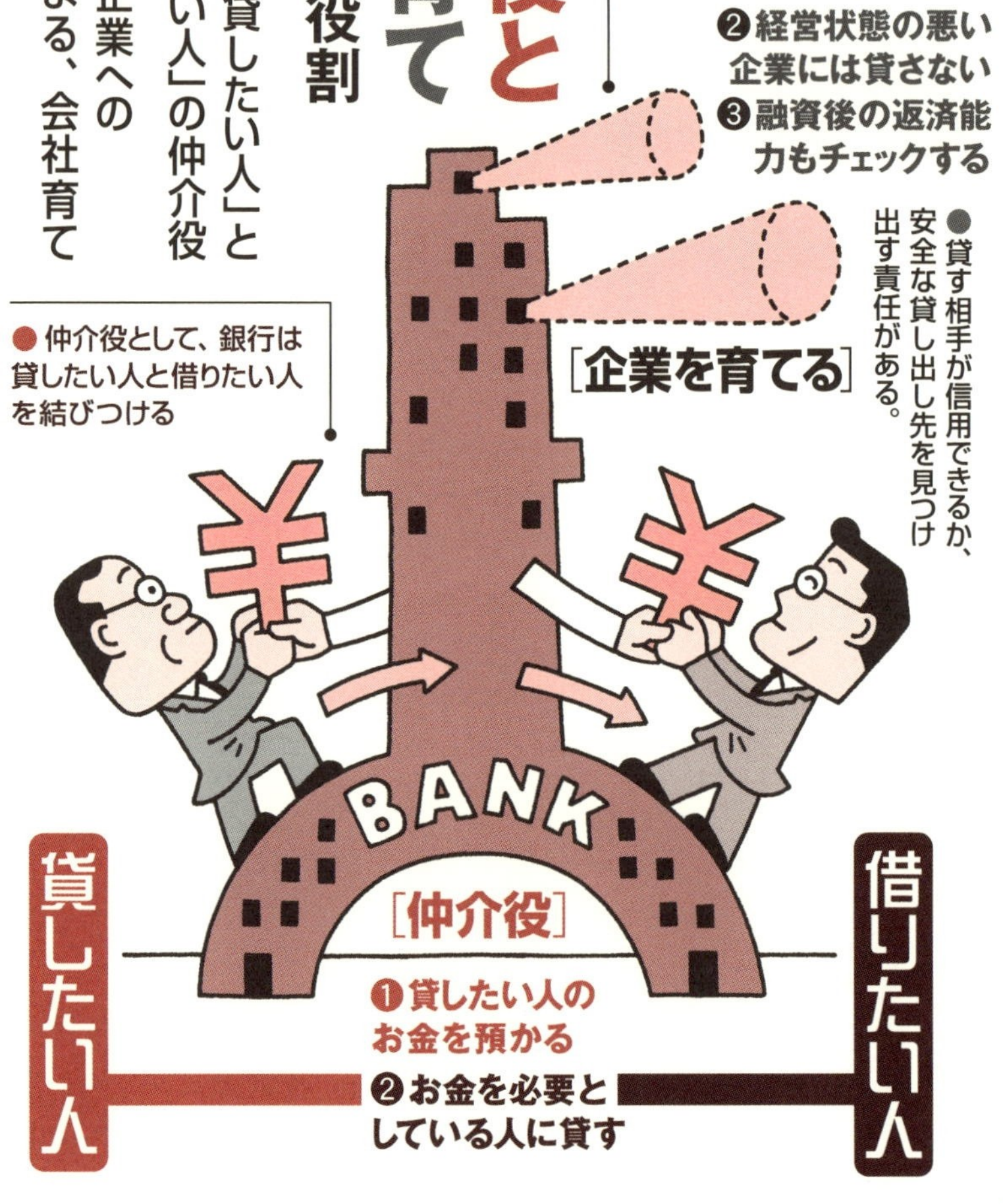

的役割を果たしているのです。

たとえば、あるところに、お金持ちがいたとします。その人は、お金を金庫に貯め込んでおくよりは、なんとか安全に増やしたいと考えました。一方、遠く離れたところには、新しく事業を始めたいと思っている人がいました。でも、元手がないから、誰かに借りなければならないと思案《しあん》していました。

このままでは、世の中が回りません。こんなときに登場するのが銀行です。銀行は、お金持ちのお金を預かり、お金を必要としている人に貸します。こうして、貸したい人と借りたい人を結びつけるのです。

銀行は企業育てのプロフェッショナル

しかし**銀行の役割**はそれだけではありません。銀行には、お金を貸す相手が信用できるか、つまり成功するか、利益を上げてお金を返してくれるかどうかを見極《みきわ》める能力が求められます。

お金を貸したいと考えている人に代わって、安全な貸し出し先を見つけ出す責任があるのです。

過去には、お金を貸してくれる銀行があったおかげで、さまざまな企業が成長してきました。

たとえば「トヨタ」は、いまでこそ世界の自動車業界で多大なシェアを占める大企業ですが、むかしは「豊田織機《しょっき》」と言って、織物の機械を作る会社でした。その会社が自動車を作ろうと決意したとき、そのために必要なお金を貸してくれた銀行があったおかげで、豊田織機は「世界のトヨタ」に成長し、結果的に、日本経済全体に莫大《ばくだい》な利益をもたらしたのです。

あるいは、山口県宇部市にあった小さな紳士服の販売店が、全国展開するためのお金を借りたというケースもあります。その会社は、今では「ユニクロ」をチェーン展開している

銀行の応援で「豊田織機」から「世界のトヨタ」へ

会社として全国に知られています。

これも、銀行の応援がなければ、できなかったことです。

このように銀行は、これと見込んだ事業を応援することでさまざまな会社を育てていく重要な役割を果たしているのです。

そしてあなたは、企業の将来性を見極めるプロフェッショナルである銀行にお金を預ける（つまり貸す）ことによって、いわば間接的に企業の成長を応援しているのです。

ひとことコラム

「銀行の役割」

★銀行はあなたから集めたお金を、成功できそうな企業を見極め、貸している。社会の中で貸したい人と借りたい人を結びつける仲介役であり、可能性のある企業を育てるプロフェッショナルでもある。

世の中をつかむ❷

いったいどうして「世界金融危機」が起こるのか？

サブプライムローン問題から
リーマン・ブラザーズの破綻まで、
世界金融危機はどう拡大していったのか。
その〝負のシナリオ〟を、
改めて検証してみよう。

恐慌は突然やって来る

二〇〇八年九月、世界の金融界に激震が起こりました。アメリカの大手証券会社リーマン・ブラザーズの経営が破綻し、その後の世界経済・日本経済への衝撃は凄まじいばかり。あの「世界のトヨタ」ですら赤字に転落したように、日本の製造業は壊滅状態に陥りました。

徐々にやって来る不況と違って、「恐慌」は突然発生し、瞬く間に世界経済を麻痺させてしまいます。しかも、そう簡単に金融不安を払拭して、建て直すことができないのです。

一九二九年の世界恐慌と同じくらいの〝歴史的大事件〟とも言えるものだった二〇〇八年の世界金融危機は、どのようにして起こったのか。振り返っておきましょう。

始まりはサブプライムローンの破綻

サブプライムローンとは、いわば「消費者金融の住宅ローン版」。定職のない人や所得の低い人など、借りたお金を返せるかどうかわからないような人にまで住宅ローンを組んで、お金を貸し出す仕組みを意味します。

当然、返済できなくなるリスクは高いのですが、貸した側は担保の土地と住宅を取り上げて競売にかければいいだけ。当時は住宅の価格が右肩上がりだったので、そのほうが多額の資金が戻ってきて儲かるくらいでした。

一方、借りるほうも担保を取り上げられたら、それでおしまい。日本のように、住宅ローンを返し続けなくてもいいので、お気楽なものです。

そうしてサブプライムローンはどんどん広がり、そこに売買の仲介をするブローカーが大量に入り込みました。

このとき住宅ローン会社は債権、つまり貸したお金を返してもらう権利を持つことになります。

それは同時に、返してもらえないリスクを負うことでもあります。そのリスクをさっさと手放して、他人に押しつけるのが、アメリカ金融業界の常識。住宅ローン会社は債権を投資銀行に売りつけたのです。

投資銀行とは、企業が資金を得るために発行する株式や債券の引き受けを主な業務とする金融機関。リーマン・ブラザーズはその一つです。

住宅ローン会社は、投資銀行に債権を売って現金を手に入れ、その現金をサブプライムローンを借りたい人に貸し、それで得た債権をまた投資銀行に売り払い……ということを繰り返しました。その結果、資金がぐるぐる回り始め、住宅バブルが発生しました。

住宅バブルの崩壊

ところが二〇〇七年の始めごろ、サブプライムローンを返せない人が大勢出てきて、住宅バブルがはじけてしまいました。

加えて厄介なことに、投資銀行はやはり「リスクは他人に押しつける」方式で、債権を証券化し、小分けにしてみんなに売ってしまっていたのです。

サブプライムローン問題のはじまりは？

回収のむずかしい債権を単体で売ることはできないため、ほかのサブプライムローン債権や、ごくふつうの住宅ローン債権、一般企業の発行した社債など、いろんなものをごちゃ混ぜにして低リスクのパッケージ商品として売るという手法がとられたのです。

これが格付け会社から「トリプルA（最高の安全度）」のお墨付きを得て、世界中の金融機関やヘッジファンドなどに売れに売れました。

しかし住宅バブルがはじけて、さぁ大変！　サブプライムローンを組み入れた証券は価格が暴落し、値段がつかなくなってしまいました。つまり、紙くず同然になってしまったのです。

これが、サブプライムローンをきっかけに、二〇〇七年以降に発生した金融不安だったのです。

経済の「血液」の流れが止まった

「あそこの銀行はサブプライムで大損しているかもしれない」

そんな不安から、結果的に銀行同士のお金の貸し借りが止まりました。

これは、人間の体にたとえると血液の流れが止まるのと同じ。とても大変なことです。

また、ヘッジファンドは、多くの人からお金を預かって運用しています。だから、大勢の人が返金を求めてきた場合に備えて現金を持っていなければなりません。

「仕方がないから、投資していたところから資金を全部引き上げよう」となって、所有していた大量の株を売りました。かくして、日本とニューヨークの株式市場で株価が暴落しました。

原油価格と穀物価格が暴騰

日米の株式市場から逃げ出した投資資金が向かった先は、ニューヨークの原油先物市場でした。それにより原油の価格がどんどん上がっていきました。

この状態に拍車をかけたのが、中東情勢です。アメリカとイランが対立するなかで、「もしアメリカがイランを攻撃したら、イランはホルムズ海峡を封鎖する。世界中に石油が届かなくなる。大変だーっ！」となって、ますます原油の値段が跳ね上がったのです。

さらに困った問題が起きました。

石油に替わる次世代のエネルギーとして、バイオエタノールという生物由来のエタノール（エチルアルコール）が注目されたことにより、北米のトウモロ

サブプライム問題が経済の「血液」の流れを止めた

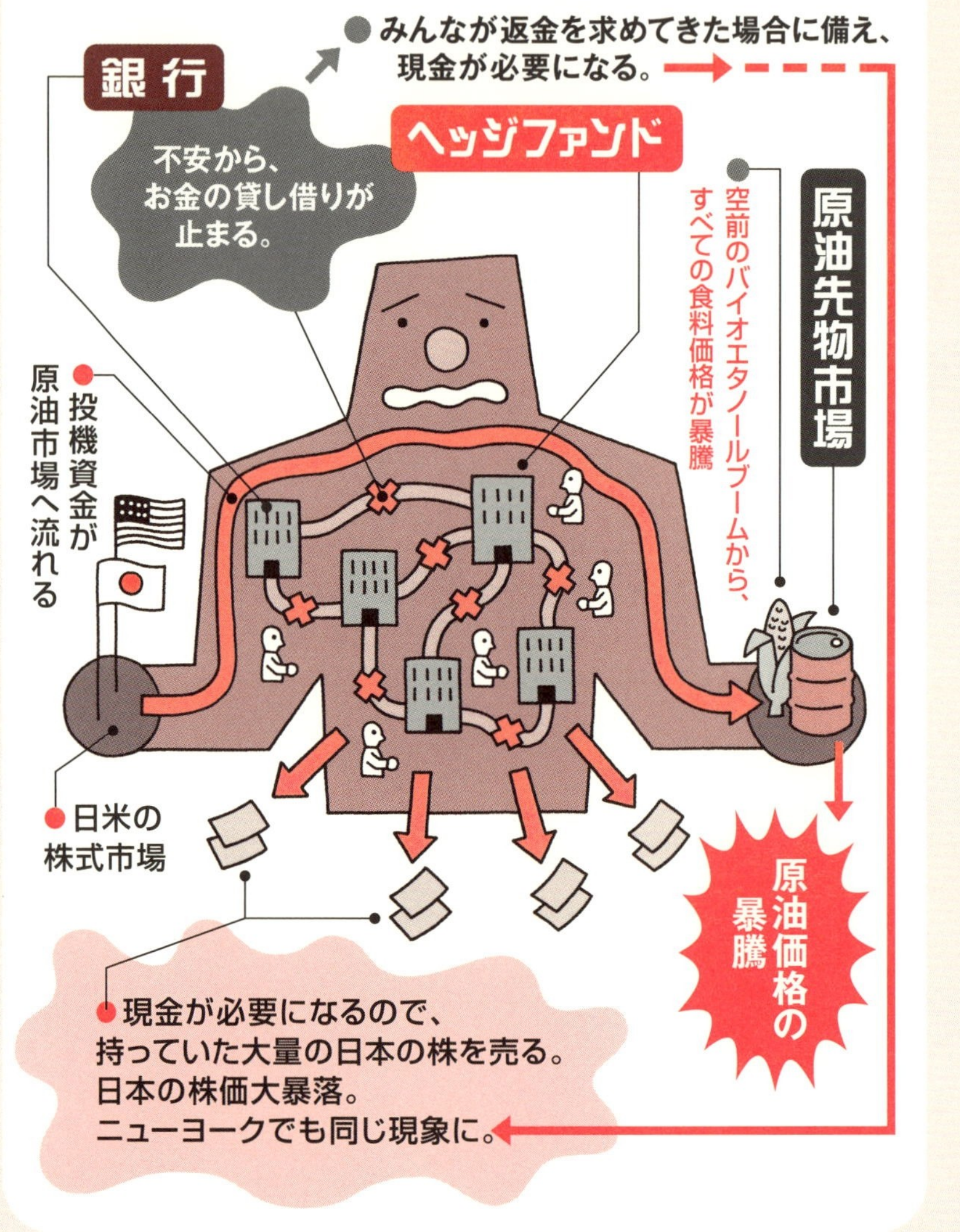

コシ農家がこぞってエタノール用のトウモロコシを栽培するようになったのです。これにより、食用や家畜の飼料用のトウモロコシ価格が跳ね上がりました。当然、トウモロコシからつくる飼料を食べて育つ牛・豚・鶏の値段も高騰します。

また小麦や大豆をつくる農家の多くが、トウモロコシは儲かると転作。小麦や大豆の値段も上がります。

ここに目をつけて、国際的な投機資金が穀物先物市場に流れ込み、すべての食料価格が高騰するに至ったのです。二〇〇八年には世界各地で食料暴動が頻発したくらいです。

ここまでが、世界金融危機の第一幕です。

リーマン・ブラザーズの経営破綻

第二幕の〝主役〟は、リーマン・ブラザーズです。

サブプライムローン債権が組み込まれたパッケージ商品を買い込み、それを担保にして資金を借りて、またパッケージ商品を購入することを繰り返しました。

しかもその運用に、小さな資金を元手に大きなお金を動かす「レバレッジ」という手法を使ったため、パッケージ商品が大きく値を下げたときに大きな損失を出すことになってしまいました。

レバレッジをかけると、たとえば百万円を元手に一千万円のパッケージ商品を運用した場合、金利一〇％で回せたら利益は百万円。元手の資金は倍になります。

ところが、そのパッケージ商品がまったく売れずに二百万円まで値下がりしたら、元手は百万円なのに、八百万円もの損失が出ます。

リーマン・ブラザーズはこれで深手を負い、経営破綻に追い込まれたのです。これが金融界のパニックを誘発し、世界金融危機の第二幕が幕を開けました。

ひとことコラム

「格付け会社」

★金融商品が安全かどうかを格付けする会社。スタンダード&プアーズ、ムーディーズ、フィッチなどがある。格付けしてもらうためには、もちろん手数料が発生する。サブプライムローン関係のパッケージ商品の格付けも、お金を払って付けてもらったもの。

「ヘッジファンド」

★ヘッジファンドの「ヘッジ」とは、危険を避けるという意味。「ファンド」は基金。他人の資金を預かり、リスクを避けながら増やすのが仕事。もともと富裕層から資金を預かり、戦争やインフレでも資金が減少しないように堅実に運用する意味から「ヘッジ」という用語が使われた。ところが資金運用の手法が高度化して、大儲けのファンドが続出。今ではハイリスクの資金運用をするヘッジファンドが増えている。

世の中をつかむ③

日本は、世界は、世界金融危機からどうやって回復したのか？

リーマン・ブラザーズの破綻は日本をはじめ、世界に不景気をもたらしました。危機からの脱出のために、何がおこなわれたのだろうか。

日本経済が受けた大打撃

一九九〇年代の不況以降、日本は長らくゼロ金利が続いていました。

その間、ヘッジファンドや世界中の投資銀行、金融機関はこぞって、金利の安い円を借りて、それを金利の高い米ドルやユーロに替えて運用していました。「円よりドルやユーロの方がいい」という人が多いのですから、円の人気は低下します。つまり円安の状態が続くので、自動車会社に代表される輸出産業は大儲けでした。

ところがサブプライムローン問題をきっかけに、そういった投資活動がいったん手仕舞いに。日本の銀行から借りていた投資資金を返すために、今度は逆にドルやユーロを円に替える必要が生じたわけです。

結果、二〇〇八年の秋から冬にかけて一気に円高が進みました。当然、輸出産業は大打撃を受けますよね？

そればかりか、世界経済が悪くなれば、めぐりめぐって日本の経済も悪化します。

実際、銀行が貸し渋りをして、困る企業がたくさん出てきました。新しく事業を始めたり、好調な事業分野を拡大したりしたくとも、資金を得るのがむずかしくなったのです。

そうなると、経済の規模が小さくなり、発展も望めません。これを専門用語で「信用収縮」と呼びます。銀行が企業を育てるという大事な役割を放棄したことによって、世の中に出回るお金が激減し、経済が悪化するという悪循環に陥ったのです。

大幅な金融緩和

世界中に金融不安が広がるなか、各国はただ手をこまぬいているわけにはいきません。最悪の事態を防ごうと、必死の構えで対応策を講じました。

たとえば激震地・アメリカでは、まず中央銀行であるＦＲＢが大幅な金融緩和をおこないました。政策金利をほぼゼロにし、国債などを大量に買い取る「非伝統的金融政策」に踏み切ったのです。

なぜ「非伝統的」とされたかというと、これまでやったことのないことをやるから。具体的には、住宅担保証券を一・二五兆ドル、米国債を三千億ドルも購入しました。

これはつまり、ＦＲＢがお札をじゃんじゃん刷って、マーケットに資金を購入した、ということです。

そうして当時のオバマ政権は必死でがんばり、三年ほどで経済状態を大幅に改善することに成功しました。

ユーロ危機からの脱出

ＥＵでは「ユーロ危機」という大きな問題が持ち上がりました。

その一つが、ギリシャの財政破綻。二〇〇九年、政権交代により露見しました。前政権は、現実には四十八兆八千億円もあった財政赤字を、その半分だとウソをついていたことがバレたのです。

ギリシャは観光立国なので、ユーロを通貨にしたほうが観光客の数を増やせて、財政が潤います。ただ財政赤字が大きいとユーロに加盟できないので、ウソをついていた、という事情もあったわけです。

あわてたのは、ギリシャにお金を貸していたＥＵ諸国です。ギリシャが返済不能に陥れば、自国の経済も危うくなります。ギリシャの借金の〝ツケ〟がヨーロッパ全体を震撼させた、とも言えます。

ギリシャだけではありません。当時、アイルランドや南ヨーロッパのポルトガル、イタリア、スペインも深刻な財政難に苦しんでいました。これらの国は、頭文字を取って「ＰＩＧＳ」あるいは「ＰＩＩＧＳ」と称され、借金で肥え太ったブタのように言われました。

ようするにドイツやフランスなどの北のEU諸国が南ヨーロッパの危機的な状況をなんとか支援していかねばならなくなってしまったのです。

この問題を「ユーロ危機」と言います。

EUは支援のための基金を積み増ししたり、PIIGSの国債を買い支えたり、ギリシャにドイツの税務署職員を送り込んで税金の取り立てをおこなったりしました。

もちろんPIIGS諸国も緊縮財政に努め、なんとか五年ほどで危機を脱しました。

ただ、二〇一八年、イタリアへの懸念が強くなりました。三月の総選挙で、社会保障などの拡充を重視するポピュリスト（大衆迎合的な）政党である五つ星運動と同盟が議席を増やし、両党からなる連立政権が誕生したことによります。

新政権は低所得世帯向けの給付制度や年金支給年齢の引き下げを社会保障政策に取り入れようとしているため、この先財政が悪化することは必至です。そうなった場合、EUは、イタリアに罰金を課すことになるうえに、二〇一四年から六年間受けることになっている支援が一時的に凍結される可能性があります。

最悪の場合、再び世界の金融市場を動揺させる展開になる恐れもあります。

経済は政治の動向によって左右されるのです。

世の中をつかむ④

二〇一二年の終わりごろから、
巷《ちまた》の話題は「アベノミクス」一色。
でも、本当に景気が良くなるのか。
上がるのは物価だけで、
給料までは上がらないのではないか。
少しくらい景気が上向いても、
そう手放しで喜べないのでは？
果たしてアベノミクスは日本経済を救うのか？

アベノミクスにより、日本はデフレを脱却し、本当に経済再生を果たせるのか。

安倍総理＋エコノミクス＝アベノミクス

「アベノミクス」とは、「安倍総理の経済学」ということです。安倍総理が次々と経済政策を打っていく、それをニュースで取り上げるたびに、マスコミはこの言葉を使い、全国に広めたのです。

では、安倍総理の経済政策とはどういうものでしょうか。狙《ねら》いは、国民にどんどんお金を使ってもらい、それによってお金の流れを速くして景気の回復を図ること。そのための作戦がアベノミクスの三本の矢――「金融緩和」「財政出動」「成長戦略」です。

それぞれ、どんな攻撃を仕掛ける矢なのか、見ていきましょう。

これが金融緩和のしくみ

第一の矢は「金融緩和」。コール市場で決まる金利を下げて、お金の貸し借りをしやすいようにすることです。

コール市場というのは、銀行をはじめとする金融機関が互いに短期でお金の貸し借りをしているところです。金融機関の金庫には、実はふだんはあまりお金が入っていません。企業や個人に貸していたり、貸し出し先がない場合は国債を大量に買ったりしているからです。

でも、お金が足りなくなったら、困りますね。そんなときは、ほかの銀行に「ちょっと一日だけ、お金貸してよ」と声をかけます。それに応えて、お金の余っている銀行が「よし、わかった」と貸してあげる。そういうやりとりが毎日行われています。貸した銀行のほうも、次の日になったらお金が必要になるかもしれないので、「おーいって呼んだら（コールしたら）、すぐに返してね」と言う。それで「コール市場」と呼ばれています。

日銀はコール市場で決まる金利を下げたいとき、銀行が持っている大量の国債を買い上げます。新たにお札を刷って、そのお金を銀行に渡すわけです。すると、銀行にはお金がジャブジャブあふれて、「お金を貸してあげるよ」という銀行がいっぱい出てきます。

そんなふうにお金を貸したい銀行がたくさんあって、借りたい銀行が少ないと、「金利を安くするから借りてよ」となって、金利が下がります。

そこが金融緩和の狙いです。コール市場で決まる金利は、企業や個人が銀行からお金を借りるときの金利にも連動して影響を与えます。

つまり、コール市場から低い金利でお金が借りられれば、銀行は企業や個人にも低い金利でお金を貸すことができる、ということです。さらに、低い金利でお金を借りられれば、企業も個人もお金を使うようになりますから、景気も上向くわけです。

日銀はアベノミクス以前からもずっと金融緩和をやってきたものの、景気は一向に良くなりませんでした。だから「これ以上は無理ですよ」と言っていたのですが、安倍総理は「いや、その程度の金融緩和ではダメだ。もっとやれば、景気は良くなる」と言って、日銀に政策を変えるように求めました。

それが、アベノミクスの大胆な金融緩和なのです。

物価上昇率二パーセントを目標に

安倍内閣と日銀はまた、デフレ脱却のために「物価上昇率を対前年比で二パーセントを目標にする」と発表しました。経済活動が活発になり、景気が良くなると、物価も上がってきます。その上昇率を二パーセントにしようというわけです。

それまで日銀が目標としてきたのは一パーセント程度。安倍総理はそれに〝ダメ出し〟をしたのです。

なぜなら、少し景気が良くなって物価が上がってくると、みんなが「あれ、もう金融緩和はそろそろおしまいかな」と思い、すぐに元に戻ってしまうと考えたからです。

そうなると、せっかくゆるんだ財布のヒモが、また固くなるかもしれません。目標を二パーセントにしておけば、一パーセントほど物価が上がっても、「金融緩和はまだまだ続くな」と考えて、財布のヒモもゆるめたままにするはずだ。そういう戦略なのです。

二〇一三年四月に新たに日銀総裁に就任した黒田東彦《はるひこ》さんは、アベノミクスを強く支持する人物です。就任早々、「異次元緩和」を行うという方針を打ち出しました。ポイントは三つです。

①物価目標二パーセントを、二年程度を念頭にできるだけ早く実現する。
②銀行に供給するお金の量を、二年で二倍にする。
③国債などの日銀保有額を、二年で二倍以上に増やす。

キーワードは「二」。すでにコール市場で決まる金利が限りなくゼロに近づいていています。そのため、「これ以上低くするのはむずかしい。だったら、銀行に渡すお金の量だけをドカンと増やそう」と決めました。これを「異次元の量的緩和」と呼んでいます。

ただ、お金の流れを見ていると、銀行にジャブジャブと供給されたお金が企業にいっているかというとそうでもないのです。

たしかにいっとき、デフレ気分が消えつつあると思えた時期もありましたが、「アベノミクス効果があった」とは言いがたいものがあります。現に日本銀行は二〇一八年になって「二〇一九年頃までに物価上昇率二%を達成する」としていたアベノミクスの目標を削除しました。

増税による景気後退や個人消費の低迷から物価上昇率は達成できない、という見通しになったのでしょう。

円安が急激に進んだのは〝アベノミクス効果〟？

安倍総理が金融緩和を宣言してから、急激に円安が進みました。

「世の中に出回る円の量が増えれば、円の供給が需要を上回り、円が安くなるだろう」と予想した投資家たちが、円を売ってドルを買う動きに出たためです。

それにより、輸出企業が利益を伸ばし、日経平均株価ならびにそれに連動する投資信託がどんどん値上がりしました。

ただし、円安が進むと日本経済が良くなるから株価が上がるのではなく、日経平均株価が上がると思った投資家が株を買うから上がったのです。企業を個別に見ると、必ずしも業績が伸びているわけではないことは頭に入れておいたほうがいいでしょう。

さらに言えば、安倍総理の発言がなくても、たぶん円安にはなったでしょう。なぜなら、福島原発の事故で全部の原発が止まって、石油・石炭・天然ガスの輸入が非常に増えていたからです。

貿易でモノの売り買いをするときはドルが使われますから、電力会社は円をドルに替えて、燃料を輸入します。つまり、円を売って、ドルを買う。そうなることを世界の投資家たちが先読みして、「日本はいずれ円安になるだろう」と考え、どこかの段階で円を売ってドルを買おうと目論《もくろ》んでいた。そこにタイミングよく、安倍総理が金融緩和を宣言したものだから、彼らは「今だ！」とばかりに一斉に行動に出た。そういう事情もあったのです。

ともあれ、貿易赤字が続けば、円安の傾向になりがちです。加えて、アメリカの金利は上がる傾向にありますから、「これからは資産をドルで持っていたほうが有利だよね」となって、円安ドル高が続くことが予測されます。

借金してでも公共事業を増やす

話を第二の矢、「財政出動」に進めましょう。これは、政府が自らどんどんお金を使って、世の中のお金の流れを良くしていこうとする考え方です。

要するに、「景気を良くするために公共事業をおこなう」という常とう手段。その仕組みは、こうです。

たとえば道路を造る、橋を架ける、といった公共事業を国が実施すると、建設会社が儲かります。従業員の給料も増えるし、雇用も拡大します。そうすると、建設関係の仕事をする人たちは買い物や食事にお金を使います。それによって、いろんな商店やレストランが儲かって、従業員の給料が増えます。その人たちがまた、いろんな場面でお金を使い……といった具合に、町全体が活気づいていきます。

そういう好循環をつくって、景気を良くしようというのが「財政出動」なんですね。

二〇二〇年に開催される東京オリンピック・パラリンピックに向けて進んでいる各種建設工事も、政府の大規模な財政出動の一つ。景気はそれなりに良くなるでしょう。ただその先は、だいぶ不安定になるリスクを抱えています。「オリンピック後、開催国の景気は悪化する」というのが定説でもあり、一抹の不安が残ります。

それはさておき、問題は、政府は公共事業の財源をどうするのか、ということです。

早い話が、これは借金です。政府は新たに国債を発行して、銀行や投資家に買ってもらい、必要なお金を調達するのです。

「そうでなくても日本は借金大国なのに、また借金が増えちゃうじゃないか」と心配になりますが、安倍総理はこう考えています。

「借金をしても、公共事業をやって景気が良くなれば、みんなの収入が増える。当然、個人の所得税、会社の法人税の納入額が増えて、政府の税収がアップする。それで借金を返すことができるはずだ」と。

そのシナリオ通りに事が進むかどうかは、今後に期待するしかないところですが、公共事業には常に「一時的なカンフル剤にしかならない」という批判が付いて回ります。事業が終わったとたんに、雇用が先細りする可能性があるからです。

新しい産業が生まれ、そこに持続的な雇用が生まれてこそ、本当の景気対策になりうるのです。

そういう軌道に乗せられるかどうかが、今後の課題です。

息の長い経済成長につなげる

その課題がまさに第三の矢、「成長戦略」です。第一の矢、第二の矢で景気回復がはかれたら、それを息の長い経済成長につなげていく必要があります。

そのために安倍内閣は「産業競争力会議」というものをつくりました。若手経営者や起業家、有識者に集まってもらい、これからの日本にとって有望な産業は何なのかを考えてもらう。そして、その有望な産業が見つかったら、その産業ならびに企業に政府がお金を出すことを決めました。

将来有望な産業と聞いて、私たちがパッと思いつくのは、航空宇宙産業、再生可能エネルギー、ロボット産業、介護、iPS細胞といったところでしょうか。

なかでもノーベル生理学・医学賞に輝いた山中伸弥《しんや》さんのiPS細胞、つまり人体のさまざまな部分に変化できる人工多能性幹細胞は、再生医療および先端医療分野の一つの柱になることは間違いなさそうです。

「産業競争力会議」ではこれまでのところ、たとえば「国家戦略特区構想」を打ち出しています。これは、東京都、大阪府・市、愛知県の三大都市圏などに戦略特区を設けて、そこで思いきった規制緩和を行い、経済成長につなげようというものです。

このほか、二〇一四年一月二〇日におこなわれた会議では、たとえば、次のようなことが話し合われました。

・医療分野では、複数の医療法人や社会福祉法人の経営を一体的に統括する「非営利ホールディングカンパニー型法人制度（仮称）」の創設を目指す。

・農業分野では、関係省庁が連携して農産品の輸出拡大を支援する。また生産から加工、販売まで一貫して手掛ける農業の六次産業化を推進する。
・雇用分野では、女性の活用に積極的な企業に対して、補助金制度を導入する。また、外国人労働者の国内受け入れを拡大するために、技能実習制度の見直しを検討する。

さらに急務とされるのは、深刻化する「労働力不足」問題に手を打つことです。

たとえば女性の就労を促進すること。結婚や育児で家庭に入った女性たちが、多様な働き方ができるように後押しする政策が必要です。また「人生百年時代」に、高齢者が働き続けられることも大事です。

もう一つのトピックに、外国人労働者の受け入れ拡大があります。

二〇一八年六月に安倍政権が発表した「骨太の方針」では、「二〇二五年ごろまでに五十万超えの外国人労働者の受け入れを目指す」と表明しています。それと同時に、入管法改正案を成立させ、二〇一九年四月の施行を目指しています。

歴代内閣も取り組んできたけれど、なかなか成果が見えないのが「成長戦略」。アベノミクスのなかでも一番むずかしい課題と言えるでしょう。

とはいうものの、アベノミクスはまだ道半ば。これが日本経済にとって特効薬になるのか、はたまた借金に押しつぶされるような最悪のシナリオを誘発する劇薬になってしまうのか、私たちは注意深く見ていく必要があります。

経済記事がわかる！
やさしい用語解説

◎「年金制度」

★私たちの将来にとって、とても大切な制度であるはずの年金。でも、しくみがややこしくてよくわからない、という人も多いのです。ここでは、ごく簡単に説明しておきましょう。
★年金制度はよく「二階建て」という言い方をされます。二十歳以上六十歳未満のすべての国民が加入している「国民年金」が、いわば一階部分です。
★その上の「二階」部分に、民間企業のビジネスパーソン、OLや公務員が加入している「厚生年金」があります。
★たとえば自営業の商店主だったら国民年金だけに加入していますから、年金支給年齢になったら、国民年金だけを受け取ります。この人にとって年金制度は、「平屋建て」です。
★一方、民間企業のビジネスパーソンや公務員は、厚生年金を受け取りますが、この中に国民年金が含まれています。

★ただ、それだけの年金を受け取れるためには、それだけのお金を払い込んでおく必要があります。
★国民年金の保険料は二〇一八年現在、毎月定額で一万六三四〇円です。それに加え、厚生年金は、社員と会社が半分ずつ負担するしくみになっていて、社員は月々の給料とボーナスから九・一五パーセントが天引きされます。それと同額を会社が負担して、会社は両方のお金を国に払い込みます。
★年金制度が破綻する危険性が指摘されるようになってきてからは、破綻する恐れがあるのなら、いっそのこと、税金ですべてをまかなってはどうか、という意見も出てきています。それだったら、払い込む人と払い込まない人がいるという矛盾《むじゅん》を解消することにもなります。
★そのためには巨額の財源が必要になります。消費税をアップして、財源にあててはどうかという議論があります。
★さて、あなたはどう考えますか？

備える

「不況」・
「不安定な国際情勢」
この先何が起こるかわからない。
賢く「備える」知恵を知ろう

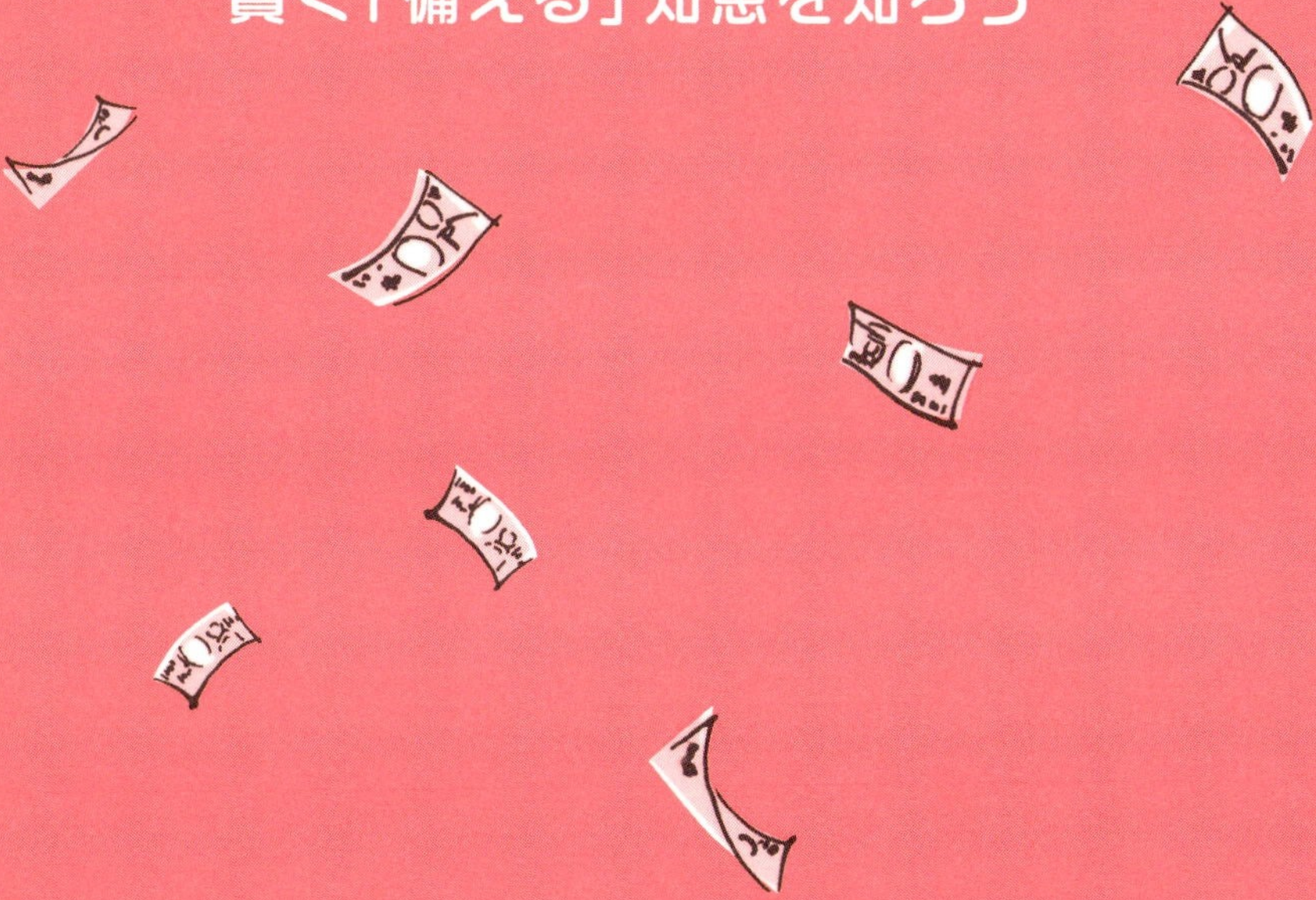

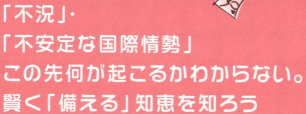

備える1

先を思うと不安でいっぱい。もしものときの頼みの綱、保険会社って、どんなしくみ？

「もしものため」に今から準備できることの一つ、「生命保険」。一応入ってはいるけれど、生命保険会社の仕事って、病気やけがや死んだ場合に、「保険金を給付する」ということだけではなさそう。私たちが毎月支払う掛け金を保険会社はどうしているのだろう？

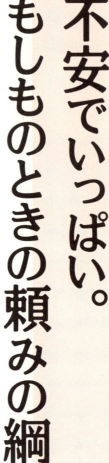

あなたの掛け金が困った人を助ける

「将来が不安」――こんなとき、あなたはどんな備えをしますか。けがをして入院費がかさんだらどうしよう。あなたが亡くなって、あなたにとって大事な人の生活が苦しくなったら困る。

こうした不安に対して、個人として取れる対策が、生命保険です。生命保険会社はあなたのお金を二つの方法で活用しています。

一つは、まさしく「保険」としての役割です。加入者の身に何かあったときに、医療費や生活費を補助してくれるのです。深刻なけがや死などが自分の身に降りかかることなんて、考えたくもないかもしれませんが、この先、何が起こるかわかりません。つまり、何が起こっても頼れるものがある、という安心を、毎月買うようなものなのです。

もしあなたが亡くなったら、それこそ「死んでから保険金をもらってもしょうがない！」と思うかもしれませんが、その場合は、受取人の生活が保障されます。

また、受取人を誰にでも指定できますから、独身でも、誰かとても大切に思う人がいるのなら、その人のために加入するという手もあるでしょう。そもそも、生命保険とは、万が一のときに、あなたの大切な人たちを守るためのものなのです。月々払っている保険の掛け金はばかにならない金額ですが、このお金は、皆から集めたお金と一緒にまとめてプールされていて、加入者の誰かに何かあったときに、その中からお金を払うシステムになっています。つまり、あなたのお金は、どこかで深刻な事態になった人を助けているのです。

もし、保険の掛け金を払っている見返りがまったく感じられないのなら、あなたは非常に幸せな人なのです。払い込んでいる掛け金が無駄になっているというのは、考えようによっては、大変幸福なことなのです。「掛け金が無駄になるといけないから、病気になってみよう、けがをしてみよう」だなんて、考えないでしょう?

保険会社も金融機関だ

もう一つ、このような相互扶助《そうごふじょ》(助け合い)のシステム以外に、**保険会社**は投資という形でも、あなたのお金を活用しています。保険会社も、銀行と同じように金融機関なのです。あなたが払い込んだ掛け金で、企業にお金を貸したり、土地を買ったり、国債を買ったりしています。ただ、保険会社には、銀行にはない利点があります。それは、お金の出入りが、銀行に比べて安定しているということです。

どういうことか。銀行は預金者が預けたいときに預け、引き出したいときに引き出せるので、お金の出入りが激しく、しかも予測があまりできません。銀行は定期預金などで、なるべく長期的にお金を預かるような努力をしていますが、そのお金だって、おおかた一年や二年で引き出されてしまいます。つまり、長期の貸し出しがしにくいのです。

一方、保険の加入は長期にわたるものですし、毎月決まった額のお金が入ります。それに、保険金として出ていく金額もだいたい予測できます。

このような利点から、保険会社は長期的な投資ができるのです。

あなたの保険の掛け金は、困っている人を助けるということと、銀行と同様、間接的に企業に貸し出すという二つの形で、世の中を回しているのです。

ひとことコラム

「保険会社」

★保険会社は「保険」としての役割と、銀行と同様に企業に貸し出すという二つの形で、世の中を回している。

備える2

保険の掛け金。「積み立て」と「掛け捨て」、どちらがおトク?

保険の掛け金には二種類ある。

とくに「積み立て」型では、好景気のころと不景気のころでは満了時の受け取り額に相当な違いがあるらしい。

お金が戻ってこない「掛け捨て」型って、損しているような気がしてしまうけれど、
実際におトクなのは「積み立て」型なのか?

「掛け捨て型」なのか?

どちらが賢い選択だろうか?

掛け金には二種類ある

保険の掛け金には、大きく分けて二種類あります。

ひとつは、払った保険の掛け金が積み立てられ、満期になると利子がついて戻ってくるという**積み立て型**です。もうひとつは、満期の払い戻しがない**掛け捨て型**です。

一見、お金が戻ってくる積み立てのほうが、おトクに見えることでしょう。

たしかに、景気が良く、保険会社の金利が高いのならば、積み立てておけば満期になったときに戻ってくるお金も多くなりますからおトクです。ひと昔前ならば、銀行で貯蓄するよりも多くのお金が返ってくるということもありました。

しかし、デフレの時代ですと、保険会社は一所懸命、集めたお金を運用して増やそうとしていますが、なかなかうまくいきません。したがって、積み立て型の金利も非常に低いのが現状です。

不景気のときは「掛け捨て」でも

それを考えると、積み立てより掛け捨てタイプを選ぶという方法があります。保険の掛け金は払いっぱなしになりますが、加入者から少しずつ集めたお金をどこかで困っている人のために使うという単純な原理のため、掛け金が安くてすむのです。

もちろん、掛け金は安くても何かあったときの保障はありますから、保険としての機能は、十分果たします。

低金利の時代は、保険は保険としてだけ考えるという方法もあるのです。

もちろん、満期になるとお金が戻ってくるのが楽しみだ、という人は、積み立て型を選択すればいいのです。

保険の掛け金には二種類ある

積み立て型

●月々支払う保険の掛け金が積み立てられ、満期になると利子がついて戻ってきます。

●しかし、不景気のときは、積み立て型の金利も非常に低く、貯蓄としてはあまり効果的ではありません。

〈好景気のときはおトクだが…〉

相互扶助のシステム

掛け捨て型

●満期のときの払い戻しはありませんが、積み立て型より掛け金が安くてすみます。安くても保険としての機能は十分果たします。

●あなたが払った掛け金がどこかで困っている人を助けています。もちろんあなた自身の身に何かあったときは、みんなのお金があなたを助けてくれます。

〈戻ってこないが、掛け金は安い〉

ひとことコラム

「積み立て型」「掛け捨て型」

★保険の掛け金には二種類ある。「積み立て型」は保険の掛け金が積み立てられ、満期になると利子がついて戻ってくる。「掛け捨て型」は満期の払い戻しがないもの。

備える3

保険の契約内容も時代とともに変化している。保険の契約、見直すべき？

「何年も前から、積み立て型に入っている」という人、意外に多いのでは？
今は昔とは随分変わってきているし、
時代に合った契約にしたい。
保険の契約内容をもう一度確認して
入りなおしたほうが賢いだろうか？

契約時の金利は変わらない

昔から入っていて、契約したときに保険会社が約束した金利が高ければ、あえて変える必要はありません。

景気が良かったころは、保険会社も高い金利で積み立て型を提供していました。そのころに入ったのであれば、契約時の金利はこれからも続きます。このデフレの時代でも、保険でお金を増やすことが可能なのです。あわてて解約すると、みすみす好条件を捨てることになります。生命保険会社にとってはそのほうがいいかもしれませんが、利用者としては不利になります。

しかし、保険会社としては、契約のときに約束した高金利を維持《いじ》していると、実際の資金運用の成果より高い利子を払い続けなければならず、大変な損になります。約束した金利をなんとか引き下げたいところですが、それでは約束違反になってしまいます。

困っている生命保険会社の様子を見て、政府は、二〇〇三年八月から、過去にいったん約束した金利を引き下げることができる制度をスタートさせました。ただ、引き下げるといっても、あまり低くするわけにはいかないだろうということで、引き下げても三パーセントまでに、ということになっています。

保険会社は「引き下げ」を言い出せない

でも、金利の引き下げができるのは、生命保険会社の経営が苦しくなったときです。ということは、逆に言えば、生命保険会社が「金利を引き下げたい」と言い出したら、「自分の会社の経営状態が悪い」ことを認めたようなものです。そうなれば、新規の契約者は獲得できませんし、これまでの保険契約者がいっせいに契約を解除する恐れがあります。

となれば、生命保険会社としては、金利引き下げをおいそれとは言い出せません。結局は、どの会社も、金利引き下げには踏み切りません。引き下げは、経営が破綻してから、ということになるでしょう。

経営が破綻した場合は、「生命保険会社にとっての保険」の制度があります。そのために、各社がお金を積み立てているのです。

あなたが保険に入っていたら、あわてることなく、自分の契約では何パーセントの金利が保障されているかを確認し、その会社の経営状態を見たうえで、落ち着いて行動することをお勧めします。でも、掛け捨てタイプだったら、そもそも関係のない話ですね。

ひとことコラム

「保険会社のジレンマ」

★生命保険会社は好景気のころに契約した加入者の「金利を引き下げたい」と思っているが、そうすると「自分の会社の経営状態が悪い」と認めることになるので、金利引き下げを言い出せない。

備える4

どんな保険会社が安全なのだろう？

銀行と同じように、保険会社も破綻する時代。
いざというときのために、保険会社こそ、
安全で信頼できる会社を選びたい。
安全な保険会社を見極めるポイントは
あるのだろうか？

保険会社の体力を示す「ソルベンシーマージン」

自分が入っている生命保険会社の経営状態を見ろと言われても、どうすればいいのかわからない、という人も多いことでしょう。

銀行の健全性を示す基準として自己資本比率があるように、生命保険会社にも、体力の度合いを表す数字があります。

「ソルベンシーマージン（solvency margin）」比率と言います。

これは、「支払い余力」という意味です。予測を超えるリスクに対して、どれだけ支払い能力があるかを示す数値です。要するに、銀行の自己資本比率に当たるものと思ってもらって構いません。

保険会社は、実際に加入者に払う保険金の額を予想して積み立てています。しかし、株の大暴落や投資した会社の倒産など、運用面で、予想外の危機が生じることもあります。

銀行が、不良債権の処理に自己資産を使うように、保険会社も、予想外の事態が起きたときには自分で持っているお金を、穴埋めに使います。その支払い能力を表すのが、ソルベンシーマージンです。

数字が大きいほど安心だ

計算式は複雑なのですが、簡単に言えば、一般的に二〇〇パーセント以上あれば、その保険会社の経営状態は心配ないということになっています。数字は大きいほど安全とされ、新しく保険業界に乗り出した会社の中には一〇〇〇パーセントを超える大きい数字を誇っているところもあります。

保険業界は、加入者にとってどの会社が一番おトクか会社ごとのサービスを比較することができにくくなっています。これは、サービスがあまり提供できない体力の弱い会社を守るためのしくみです。保険に加入する際は、いくつもの会社をじっくり研究して、自分のためにはどの会社がいいか、見極めてください。この努力が、生命保険選びで失敗しない〝保険〟になります。

ひとことコラム

「ソルベンシーマージン」比率

★生命保険会社の体力の度合いを表す数字

solvency margin。「支払い余力」という意味。

備える５

「円」が危ないって、本当？

不安定な国際情勢の中で、
日本の経済状態はもはや、
「絶対大丈夫」とは言いきれない時代。
世界から見ると、日本という国自体、
相当リスクが高いらしい。
自分の財産を守るために、
私たちができることはあるだろうか？

「円」を持つリスクもある

あなたの財産をしっかり守り、増やしていくためにはどうすればいいか、あなたも研究していることと思います。その際、意外に盲点になることがあります。それは、日本国内だけで考えていると、日本の「円」が持っているリスクに気がつかないということです。

あなたが円で持っている財産が増えても、円自体の価値が下がってしまったら、あなたの財産も減ってしまうのです。

今、国はどんどん国債を発行し、それを銀行がせっせと買っています。しかし、国債というのは、国がする借金ですから、銀行に売れば売るほど、当然、いずれ返さなければならないお金が増えます。

世界は、日本の政府のそんな状態を見て、果たして、日本は借金を返済できるのかと心配しています。つまり、日本という国のリスクが高まっているという見方をしているのです。

とはいえ、銀行に預金することを考えれば、国債を持っているほうが有利です。というのも、銀行は私たちが預金したお金で国債を買っていて、預金者に払う金利のほうが低いからです。

言い換えれば、銀行は国債を買って得る金利と、預金者に支払う金利の差額で儲けているのです。だったら、銀行に預金するより、自分で直接、国債を買ったほうが、高い金利を手にできるではありませんか。その辺は一考してもいいかもしれません。

また、国債の信用度を知るには、長期金利の動向を見るといいでしょう。長期金利というのは、十年ものの国債が市場で売買されるときの金利を意味します。国が危なくなると、買いたい人が減るので、金利は上がる。逆に、国がしっかりしていれば、買いたい人が増えるので、金利は下がる。つまり、金利がじりじり上がっていくようだと要注意なのです。

たとえば、安倍総理が消費税を上げると正式に発表した後、日本の長期金利は下がりました。「消費税を上げて、財政再建をやろうとしてるな。日本の財政破綻の危険は低くなったな。日本の国債を安心して買えるな」ということで、日本の信用度が高まったのです。

もっとも、国が破産してしまったら、言うまでもなく、「円」の価値は暴落します。長期的に考えるならば、円だけを持っていることのリスクも考えたほうがいいでしょう。

このような観点でリスク分散を考えるなら、円が価値を保っている今のうちに、財産の一部をほかの国のお金に替え、預金しておくという手があります。替える外貨としては、少し前ならば、ドルが筆頭でしたが、アメリカという国の政治や経済がおかしくなると、それにつられてドルの価値が下がる可能性もあります。円以外にドルも持っていれば大丈夫、とは言えなくなっているのです。

そこで第三の選択として、ユーロが考えられます。

今、世界で強い力を持っているのは、ドルの次はユーロです。もしドルの価値が下がると、相対的にユーロの価値が上がる、という構図になっています。ドルとユーロがともに暴落する可能性は少ないので、どっちも持っておけば、リスクが分散されるということになります。

さらに長期的に見ると、中国の元《げん》がジワジワと上がっています。

自分で国際情勢も判断しよう

中国がめざましい経済的発展を遂げ、豊かな国になれば、中国の商品は今ほど安くなくなります。すると、中国の通貨である元は円に対して値上がりするでしょう。

この先、何が起こるかなんて、誰にもわかりません。これればかりは、証券会社に聞いても、銀行に聞いても、わからないのです。

したがって、円を持っているリスクを感じたら、自分で国際情勢を研究して、判断しなければなりません。

また、よその国のお金を持つということは、リスクを消すわけではなく、分散させるだけなので、生活上必要なお金には絶対に手を出さないという心がけが、ここでも大切です。

さらに、もし分散投資の方法として外貨預金を考えるときは、外貨預金はペ

イオフの対象にならないということに注意する必要があります。つまり、銀行が倒産すると、外貨で預金した分はなくなってしまう可能性があるのです。危なくない銀行を選ばなくてはなりません。

その他の方法として、証券会社で扱っている**「外貨ＭＭＦ」**（172ページ参照）を利用するということも考えられます。

これは、証券会社を通じて、米ドルのＭＭＦならばアメリカの、ユーロならばヨーロッパの国債や企業の社債などを買って運用するという方法です。

この場合も、投資した先の会社が倒産したら、大きな損害を受ける恐れがあります。リスク分散をはかるときにも新たなリスクが発生するということだけは知っておいてください。

ひとことコラム

「ペイオフ」

★「ペイオフ」とは、「銀行が倒産しても、あなたが預けている預金について、一千万円までなら元金（実際に預けているお金）と利子を支払います」という制度。預金者の預金を保護するしくみを作っておくことで、銀行がつぶれそうになっても預金者が大騒ぎをすることがないように作られた制度です。

◎「機関投資家」

★投資家には、大きく分けて二種類あります。一つは「個人投資家」です。文字通り個人が投資をおこなっている場合で、あなたが株式投資を始めたら、あなたは「個人投資家」になったということです。

★個人投資家に対して、業務として投資をおこなう組織を「機関投資家」と呼びます。銀行や保険会社など、株式市場で資金を運用したり、外国為替市場で円やドル、ユーロの売買をしたりしている企業・団体が含まれます。

★「機関投資家」は、ほかから集めたお金を投資に当てるため、「個人投資家」よりはるかに大規模な投資をおこないます。機関投資家が一斉《いっせい》に動くことによって、株式市場や外国為替市場が大きく動くことがあるのです。

◎「外貨ＭＭＦ」

★外貨ＭＭＦの「ＭＭＦ」とはMoney Market Fund（マネー・マーケット・ファンド）の略で、国債・社債等で運用する投資信託のことです。

★投資信託とは、専門家が一般の客の資金を集めて、株に投資したりして資金を増やすというしくみです。外貨ＭＭＦは、ドルのＭＭＦならアメリカの、ユーロのＭＭＦならヨーロッパの、国債や社債（企業が発行する債券）を購入することで、資金を運用します。

★外国の国債や社債は、日本より金利が高いので、外貨ＭＭＦは、高利回りであることが特徴です。また、すぐに現金に換えることもでき、円と外貨の両替手数料も、外貨預金より安いという特徴があります。

★でも、ドルやユーロのお金の価値が下がったら、いくら高利回りでも損をしてしまう可能性はあります。これもリスクとは無縁ではないのです。

納める

税金。
けっこう納めてます
税金が世の中でどんなふうに
使われているか知ろう

納める1

税金って、そもそもどういう制度でどんな目的があるものなのか？

私たちの給料から、
毎月天引きされている税金。
一年間、トータルでいったい
いくら納めていることか……。
考えるとため息ばかり
出てしまうけれど、
私たちの財布から
確実に払っている税金は、
何にどのように
使われているのか？
税金って、
そもそもどんな制度で、
どんな目的のために
集められるのだろうか？

税金は何に使われているのか？

あなたは、自分の払った税金が、何に使われているか、意識したことがありますか？　ちょっと考えてみましょう。

まず、公務員の給料は、すべて私たちの税金でまかなわれていますね。総理大臣をはじめとした国会議員の給料（正式には歳費《さいひ》）もそうです。

これらの人件費ばかりではありません。都道府県や市町村の仕事でも、必ず、あなたの税金が使われています。

そう言えば最近、近所の道路が整備されませんでしたか？　駅の近くの公共ホールで、何かイベントがありませんでしたか？

一九九〇年代の金融危機で銀行の不倒神話が崩れた際に、銀行を再生させるために使われた公的資金も、元はと言えば、私たちの税金です。

あなたのお金が国を動かしている

このように見回してみると、あなたの税金は実にさまざまなことに使われていることがわかると思います。

今まで繰り返し述べてきたように、人は自分のためにお金を使うことで世の

税金が集められる目的は？

政治家

人々を代表して、税金のより良い使い道を考える

税金

みんながより良く生活できるよう、みんなで費用を出し合ってプールして使おう、というもの

公共ホールのイベント、地元の成人式など

● **都道府県・市町村の仕事**

高速道路建設・道路整備など

● **道路工事**

● **人件費**

警察官・消防士・公務員の給料、政治家の報酬など

● **公的資金**

銀行を再生させるための資金

● **自衛隊の装備費用**

みんなの生活をより良くするため

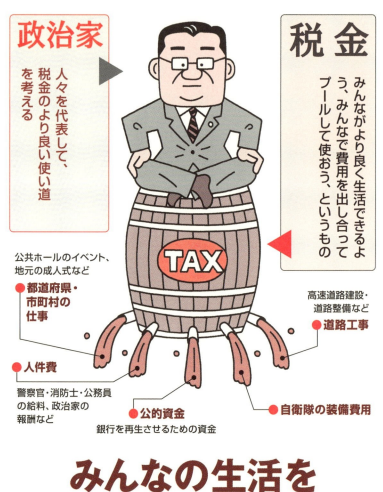

中を回しています。

しかし、個人だけではとうていまかないきれない費用というものも存在します。

私たちの安全を守る警察官や消防士を、個人で雇うわけにはいきません。みんなが使う道路や信号機、駅などを個人の費用で作る、というわけにもいきません。

みんながお金を出し合って、警察官や消防士の給料を出さなければなりません。そういうときのために、あらかじめみんなからお金を集めてプールしておこう、というのが税金です。

みんなが暮らしやすくするために

つまり、そもそも税金には、みんなからお金を少しずつ集めて暮らしやすくするという目的があるということです。

そのために、人は自分で働いて稼いだお金から税金を払います。それは、共有の財産を築き、その利益を得るための、最低限の義務なのです。人々を代表してお金を預かり、より良い使い道を考えるのが政治家です。

そう考えると、税金についても無頓着《むとんちゃく》ではいられません。国を動かしているのは政治家であり、官僚と呼ばれる公務員ですが、そのための資金は、紛れもなく、あなたの財布から出ているからです。

ひとことコラム

「税金」

★税金はみんなの安全を守るため、みんながより良く生活できるようにするために個人ではまかないきれない費用をみんなで出し合って、プールして使おう、というもの。

納める②

年金破綻の危機。原因はなんだろう？

ニュースでさかんに取り上げられた「年金破綻」。
どうやら、このままいくと
歳をとっても「気ままな年金生活」とはいかなくなるらしい。
どうして、破綻しそうなほど
年金制度はうまくいっていないのだろうか？

年金が心配だ

歳をとったらもらえるもの、というのが常識だった年金が、将来もらえなくなるかもしれない、と大きなニュースになっています。

年金を破綻の危機に追い込んでいる原因は、大きく分けて二つあります。

一つは、少子高齢化です。子どもが前ほどは生まれなくなっている一方で、寿命が延びて高齢者が多くなっている現象です。つまり、受け取る人が増える一方で、払い込む人が少なくなっているのです。一人の女性が生涯に産む子どもの数を出生率と言います。二〇〇八年には一・三七だったものが、二〇一七年は一・四三と少し上向いてきましたが、二人の夫婦から一・四三人の子どもしか生まれないのですから、人口は次第に減っていく計算になります。

六十五歳以上を高齢者と呼びます。日本の人口に高齢者が占める割合である高齢化率は、二〇〇〇年に一七・四パーセントでした。それが、二〇五〇年には、三五・七パーセントにまで増える見通しです。

単純計算すると、一・五人の収入で、一人のお年寄りを養わなくてはならないことになります。

二つめは、低金利と資金運用の失敗が挙げられます。年金は、若い人から集めたお金をプールして積み立てながら、同時代のお年寄りに支給するしくみですが、積み立てたお金は、いろいろと運用して増やそうとしてきました。増やせば、それだけ多額の年金が支払えるようになりますからね。

ところが、このところの低金利。積立金を増やすことができなくなってしまいました。株で増やそうともしていますが、株価の変動で増えたり減ったりを繰り返しています。

年金支払いのために積み立てられた資金をどう運用するかは、厚生労働省が

年金破綻の危機。その原因は？

少子高齢化と資金運用の失敗

年金は若い人から集めたお金をプールして積み立てながら、
同時代のお年寄りに支給するしくみです。
積み立てたお金はいろいろと運用して増やし、
増やせばその分、多額の年金が支払える、
という考えのもとに年金制度はスタートしました。

決め、厚生労働省の監督する「年金資金運用基金」（以前は年金福祉事業団という名前でした）という特殊法人が担当してきました。

その後二〇〇六年からは「年金積立金管理運用独立行政法人」が担当しています。

資金が無駄に使われた

年金資金運用基金が運用する資金の総額は二〇一八年現在百六十五兆円あまり、この巨額の資金を増やそうと、株式市場にまで手を広げたのです。日本の株式市場は長らく低迷していましたから、多額の年金資金を投入してたくさんの株を買ってくれれば、株価が上がって、日本経済にいい影響を与えるのではないか、という期待もありました。株式市場のために年金の資金が使われた、という側面があるのです。

結果は、二〇〇二年までに、五兆円もの損失を出してしまいましたが、アベノミクスで株価が上がった結果、二〇一三年からは高い収益を上げています。

一方、年金福祉事業団だった時代に、全国十三カ所に大規模リゾート施設「グリーンピア」を建設したのですが、どこも経営は大失敗。結局、全部を放棄することになりました。

ここで、貴重な年金資金を減らしてしまいました。

えっ、年金記録が消えた⁉

このように「年金破綻の危機」が叫ばれるなか、二〇〇七年には社会保険庁の大変な失態が発覚しました。

「払ったはずの年金の保険料が、記録に残っていない」というケースが相当数に上ることがわかったのです。

「記録にないから、払えないというのでは、振込み詐欺ではないか！」

国民から怒りの声が上がるのも、当然のことでしょう。

なぜ、そんなバカなことが起こったのか。きっかけは一九九七年に実施された「基礎年金番号制度」です。

私たちは年金に加入すると、年金手帳を受け取ります。以前は、転職をしたり、結婚をしたりすると、そのたびに新しい年金番号が割り振られていました。そのために一人の人が複数の年金番号を持つことになり、国民の年金番号は計三億件にも上っていたと言います。これでは管理上よろしくないということで、一人につき一つの年金番号をつけることにした。それが「基礎年金番号」制度です。

ところがデータをコンピューターに入力する際、あろうことか、入力ミスが相次ぎました。

名前をカタカナで入力する方式だったことから、たとえば「剛（つよし）」を「タケシ」とか、「裕子（ひろこ）」を「ユウコ」というように誤って、あるいは勝手に入力し、コンピューターが別人と認識してしまう。そんなケースが多数発生し、年金番号の統合がおこなわれなかったわけです。

こんなミスを「単なる読み違え」と見逃すことはできません。入力担当者が勝手に判断せずに、本人や本人が所属する会社に確認すれば防げたミスです。

こうして実にいい加減で無責任な作業がおこなわれた結果、五千万件もの年金番号が未統合のまま宙に浮いてしまいました。

加えて、基礎年金番号の統合とは別に、一九八七年当時の千四百三十万件にも上る年金記録を社会保険庁がコンピューターに入力していなかったことも判明しました。

何たるずさんな管理！　社会保険庁の無責任体質そのものが問われました。当然の帰結と言うべきか、二〇〇七年六月に社会保険庁改革関連法案が成立し、社会保険庁は二〇一〇年に解体され、年金業務は同年一月から特殊法人の「日本年金機構」に引き継がれました。

ひとことコラム

「積立制度」と「賦課《ふか》制度」

★年金制度には、「積立制度」と「賦課制度」がある。「積立制度」は若いうちに払い込んだお金を積み立てておいて、歳をとってから、そのお金を受け取るしくみ。「賦課制度」は、働いている人が払い込んだお金を高齢者に支給する方法。日本は、戦後「積立制度」でスタートしたが、一九七〇年代に、「賦課方式」に変更された。

納める3

破綻しそうな年金制度にお金を払う必要はあるのだろうか？

私たちが年金を受け取る年代になるころには、
払い込んだ額より受け取る額のほうが、
少なくなることが予想されている。
それどころか、本当に年金がもらえるのかどうかも定かではない。
そんな年金制度にこのままお金を払い込む必要性って、
本当にあるのだろうか？　そもそも、
このような状況になった年金の制度そのものに
無理があったのではないだろうか？
年金制度って、いったい何？

年金とは国がおこなう保険だ

年金制度というのは、基本的に、若い人が払ったお金をお年寄りに分配するということを繰り返す制度です。つまり、同時代に生きるお年寄りを、それより年少の人たちが支えるのであって、自分の払った年金が、自分のために積み立てられているわけではありません。

ただ、あなたが高齢者のための年金の財源を払うしくみを維持することによって、あなたが歳をとった後、今度はあなたより若い人たちが、あなたの年金分の財源を払ってくれる、という信頼関係によって年金制度は成り立っています。

年金はお年寄りのためだけのものと思っているかもしれませんが、実はそれだけではありません。国民年金は、不慮《ふりょ》の事故などで働けなくなった人の生活も保障しています。年金に加入していれば、たとえばあなたが半身不随になったり、失明したりということが起きたときに、障害者年金が生涯にわたって支給されるのです（二〇一八年現在は傷害基礎年金一級の場合、年額約九十七万四一二五円）。つまり、年金とは国がやっている保険なのです。

払わないと破綻する

しかし、年金の将来が大変不安であることは事実です。とくに、今の若い人たちにとって、払い込んだ金額分の年金が受け取れなくなる、という深刻な問題があります。

厚生労働省の試算によると、現在はすべての世代で年金の受取額が支払額を上回っているそうです。

それでも年金が破綻するかもしれない、という不安は拭えませんよね？　若い人の間に年金に対する不信感が募《つの》り、未加入の人が年々増大しています。まして、資金運用の失敗やリゾート施設濫造などの過去を見ると、払いたくなくなります。

しかし、破綻しそうだからといって払わないと、本当に破綻してしまうのです。

それを考えると、歯を食いしばってでも払い続ける必要がある、ということになります。根本的には政治が解決する問題ではありますが、払わないと本当に破綻する、という問題を抱えているのです。

あと一つ、付け加えておきたいことは、損はしないとしても、公的年金の受け取り額は確実に減っていくということ。国の年金だけではちょっと心配です。

そんな人におすすめなのが「確定拠出型年金制度」。最近では「iDeCo（イデコ）」という愛称がつけられています。

これは「積立方式」で、自分で積み立てた分だけ、将来年金として受け取ることができるもの。国も税制の優遇措置を設け、積極的に推進しているので利用を考えてみてもいいかもしれません。

納める4

税金。納めた分だけ、国が本当に役に立ててくれたと実感できないけれど？

消費税は少しずつ税率が上がっている。
給料は税金が天引きされた金額を受け取るので、
税金を支払っているという意識があまりないが、
消費税なども含めると、
私たちは相当な金額を
国に支払っている計算になる。
これだけ多くの税金を納めているのに、
どんな形で自分たちに還元《かんげん》されているのか、
さっぱり実感できない。
本来、税金の恩恵を受けるのは私たち、
国民であるべきなのではないか？

給料は「税込み」で考えよう

自分の給料を手取りだけで考えてしまう人が多いようですが、本来、給料は税込みです。そこから、会社があなたの代わりに税金を計算して国に納め、残りの額をあなたに支給しているのです。あなたにとっては、実際にいくらもらえるかが気になりますから、給料明細をもらっても、税金のところなんてあまり見ないかもしれません。手続きを会社がすべて肩代わりしてくれるのですから、税金を払っているという実感すらない人も、多いのではないでしょうか。

このシステムは、一九四〇年、戦争の資金を集めるために取り入れられたものです。会社にすべてを任せることで、税金を効率よく集めようと作られた制度です。それが、戦争が終わって七十年以上経った現在も、まだ残っているのです。本来一人ひとりが国に直接税金を払わなければならないところを会社が代行するものですから、サラリーマンやＯＬは、税金を払っているという実感をなくしてしまいました。その結果、税金の使い道についてうるさく言わない国民性ができあがってしまったのです。

あなたが払う税金にもっと関心を

それでも最近は、税金の使い道がよく問題になるようになりました。これは、消費税が導入されて、みんながいつも「自分は税金を払っている」という自覚が生まれてきたからではないかと私は思っています。

理想を言うならば、一人ひとりが手続きをして税金を納めるというふうに、しくみ自体を変えるべきだと、私は思っています。たとえばアメリカだと、一人ひとりが手続きをして、税金を納めなければなりません。そのためのコンピューター用ソフトもかなり開発されています。だからこそアメリカ人は、いつでも非常に厳しい目で、税金の使い道を監視しているのでしょう。

しかし、しくみ自体を変えるとなると、会社の肩代わりがなくなる分、大量の税務署員が必要になります。今のところは、あなたが払う税金にもっと関心を持つことから始めましょう。

ためしに、過去一年分の給料明細を見ながら、毎月払っている税金をすべて足してみてください。それが、過去一年あなたが給料から払った税金です。思わず舌打ちしたくなるのではないでしょうか。それとも、「自分は国家にこんなに貢献《こうけん》しているのか」と誇らしくなるでしょうか。

なぜ消費税は上がるのか

二〇一四年四月、ついに消費税が五パーセントから八パーセントに引き上げられました。これが二〇一五年にも一〇パーセントに引き上げられようとしていましたが、延期になって、現在は二〇一九年十月より導入予定とされています。

消費税が上がる理由は、ひとことで言えば、日本の財政赤字が一千兆円を超え、なお増え続けることが予想されるなかで、年金、医療、介護、子育てなどの社会保障にかけるお金が足りないからです。

とりわけ基礎年金――各種年金制度に共通して給付される年金は、国が税金で負担しているので大変です。その負担額を三分の一から二分の一にするときに、自民党と公明党の連立政権は「将来的にはこの差額分を、消費税を上げることによって穴埋めします」と〝予告〟していました。つまり、消費税を上げることを前提に、今の年金制度はできているのです。そういう意味では、自民党と公明党はやっと公約を果たしたことになります。

しかし、借金はものすごい勢いで増え続けていますから、消費税を八パーセントにしたところで「焼石に水」です。政府は「消費税は社会保障に回します」という言い方をするので、なんとなく社会保障が充実するようにカン違いしてしまいますが、実際には現在の社会保障制度が破綻するのを先送りしているだけ。現実問題、従来の社会保障を維持するためには、消費税は一七パーセントまで引き上げる必要があるのです。

その一七パーセントだって、「これ以上、借金を増やさないため」の対策。借金残高が減るわけではありません。だから、政府は社会保障を充実させるどころか、介護保険料を上げたり、生活保護費を削ったり、医療費を削減したりして、一生懸命社会保障にかかるお金を減らそうとしているのですね。

問題はまだあります。消費税が上がっても、その分、国のお金が増えるとは限らないのです。なぜなら、消費税が上がる直前には駆け込み需要が起きて、よくモノが売れるのですが、上がった瞬間に消費が激しく落ち込むからです。

一九八九年に消費税を導入したときも、三パーセントから五パーセントに上がったときも、国はこの駆け込み需要のせいで、予定通りの税収を得られませんでした。

そこで、政府はある作戦を講じました。消費税アップをまず八パーセント、次に一〇パーセントと二段階に分けて、急激にモノが売れなくなるのを防ごうという作戦です。

八パーセントになる前に駆け込み需要は起きるでしょう。でも、その後すぐに一〇パーセントになるのだから、このときにまた駆け込み需要が起きるはず。いきなり一〇パーセントにするよりは、落ち込み方が小さいのではないか。そんなふうに考えたのです。

この手を使って、一〇パーセントになった後も、「次の年から一五パーセントにします」とやれば、あるいは毎年一パーセントずつとか小刻みに引き上げていけば、そこでまた駆け込み需要をつくれます。

「えっ、まだ上がるの？」と思うかもしれませんが、ＯＥＣＤは日本に対して「消費税を二〇パーセントにすべきだ」との勧告を出しています。いずれそうなることは覚悟しておいたほうがいいでしょう。

ちなみに、世界的に見ると、日本の消費税率は実は低いほうです。ヨーロッパには二〇パーセント以上という国が多いのです。

たとえば、デンマークは二五パーセントです。しかも、国民の税金負担率は、日本が四割なのに対して、デンマークは七割に上ります。でも、国民は誰も文句を言いません。私は実際に現地で街頭インタビューしましたから、それはたしかです。なぜだと思いますか？

高い税金を払うだけのリターンがあるからです。なにしろ、医療費は一切タダ。一方で、日本のかかりつけ医のような、「家庭医」と呼ばれるお医者さんがまず患者さんを診て、必要に応じて総合病院に紹介するシステムによって、国の医療費を抑えています。「寝てれば治る病気なら、薬は出さない」という姿勢なんですね。

また、教育費も幼稚園から大学までタダであるうえに、大学生は月に七万円の奨学金をもらえます。「アルバイトなんかしないで、学業に専念しなさい」

ということですね。そんなふうに納める税金がどういう形で自分たちに返ってくるかがわかっているだけに、デンマークの若者たちは政治意識が高い。十八歳になるとちゃんと、毎回選挙に行き、テレビで選挙特番を見ながらみんなでワーワーやっています。日本では考えられない光景ですよね。

もちろん、「ゆりかごから墓場まで面倒をみる」と言われるくらい、福祉は充実していますから、年金ひとつとっても、日本の国民年金と比較して倍以上と手厚い。老後のための貯金は不要です。

単純な比較はできませんが、私たちがデンマークに見習うべきは、政府のやり方をよく見て、自分の意思を、選挙を通して表明していくという姿勢でしょう。結局、国民の政治意識が国を支えていく、ということなのです。

ひとことコラム

「ふるさと納税」

★自分のふるさとや応援したい自治体に寄付ができる制度のこと。所得税や住民税の還付・控除が受けられる。その地域の名産品などのお礼がもらえるなど、魅力的な仕組みで人気上昇中。

納める5

税金の無駄遣いを防ぐためにできることってなんだろう？

ニュースでは政治家の
汚職事件が相《あい》次《つ》いでいる。
この政治家の給料も間違いなく、
私たちが働いて納めた税金から支払われている。
少しでも私たちの大切な
お金を無駄にしないために、
今からできることはないだろうか？

タックスペイヤーという意識を

まずは、【納める④】で述べたように、税金を払っているのだという意識を高めることが第一です。

そこでアメリカ式に、自分を「タックスペイヤー（tax payer）」と考えてみてはいかがでしょうか。

日本では「納税者」と言いますが、それだと、「ははー」とお上《かみ》にお納めしているというイメージになってしまいます。

しかし、「タックスペイヤー」ならば、文字通り税を払っている、もっと言えば、払ってあげていると思うことができるのではないかと思います。たかが言葉の問題ですが、けっこう効果があるものです。ある種の自己暗示になるのかもしれません。

さて、「タックスペイヤー」であるという意識を持ったら、今度は、自分の払った税金が正しく使われているかどうか、考えてみましょう。

この章の最初に、あなたの税金は、実にさまざまなことに使われていると言いました。

しかし、果たして、正しい使われ方ばかりでしょうか？　政治家の汚職事件

税金の無駄遣いを防ぐためには？

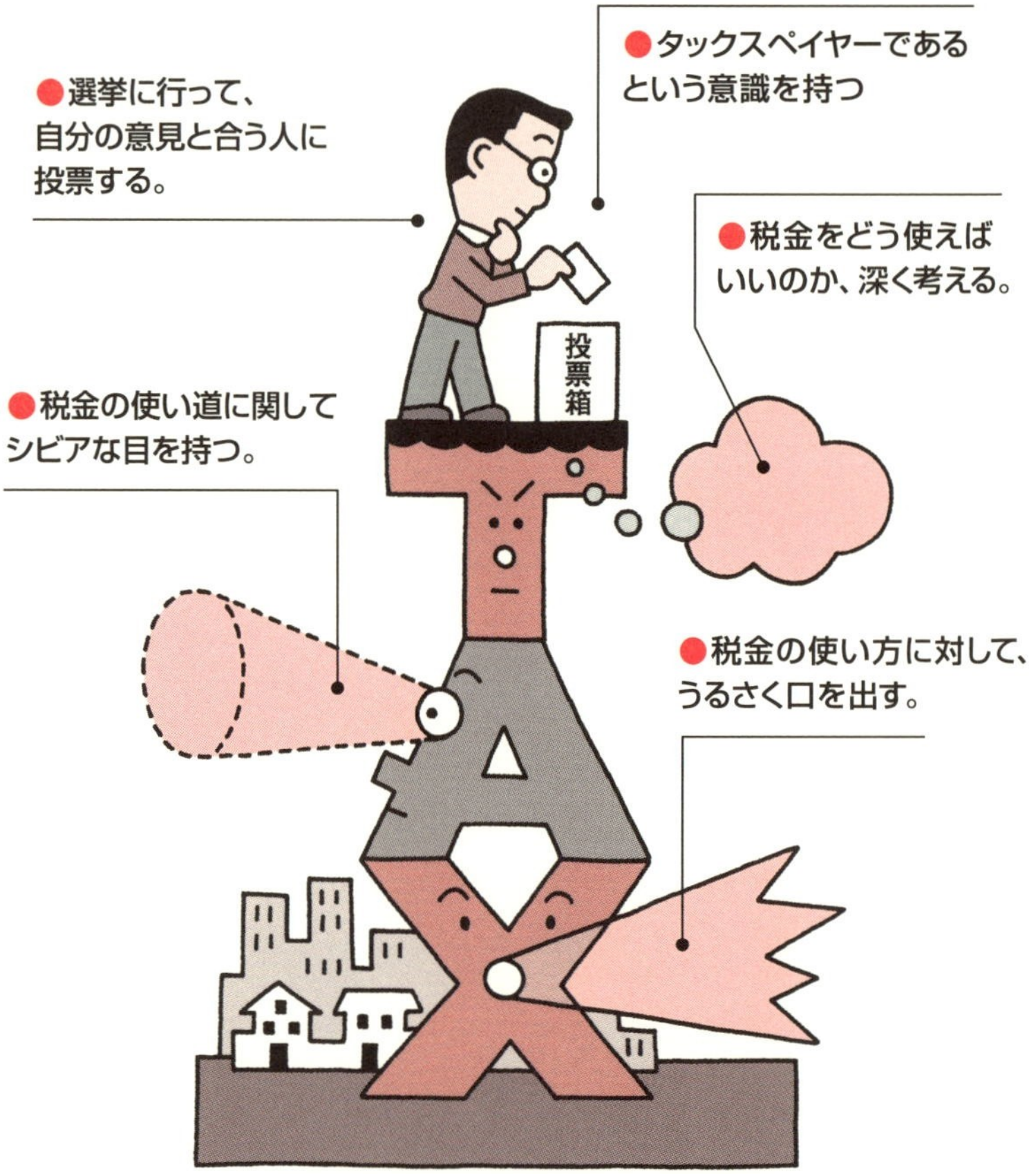

タックスペイヤーとしての意識を持つ

が相次いでいますが、彼らの給料（報酬）だって、もれなくあなたの税金から支払われているのです。また、どうしても無駄にしか思えない公共事業も、たくさんあります。

「タックスペイヤー」は、お金を政治家に託しているのですから、そういった無駄遣いを許してはいけません。

税金が正しく使われるためには、タックスペイヤーたちが、うるさく口を出さなければならないのです。

税金の使い道に関して厳しい目を

税金の無駄遣いを防ぐためにできることは、あなたが、税金の使い道に関してもっと厳しい目を持つということなのです。

厳しい目で、税金の使い道を見ていれば、「ならばどう使えばいいのか」というビジョンも浮かびます。

たとえば、日々の生活で「不便だな」と思っていることはありませんか？「あんなくだらない公共事業に税金を使うのなら、ここを改善してほしい」と思うこともあるはずです。

そういうビジョンが浮かんだのなら、無駄を発見するだけでなく、政治に直接関わることで、税金の使い道を改善できます。なにも選挙に立候補するべきだと言っているわけではありません。投票に行って、自分と意見の合う人に投票すればいいのです。その人が当選するとは限りませんが、投票に行かなければ、可能性はゼロです。

「経済における投票行動」という話をしてきましたが、税金に関しては、本来の意味での投票行動が求められているのです。

あるいは、「ぜひ国会に送り出したい」という人を当選させるための運動をする、という方法もあるでしょう。

そもそも税金が何に使われているのか、よく見えない、と思った人は、まず政治家の説明責任を追及してもよいかもしれません。

その点、アメリカは徹底しています。アメリカでは、たとえばNASAがロケットの打ち上げに成功したときに、「タックスペイヤーの皆さんのおかげで、こういうことができました」とお礼を述べることから始まります。

こういう習慣が根付いているということ自体、アメリカの人たちの税金に対する意識の高さを表しています。日本ではロケットの打ち上げに失敗したとき、おわびの言葉はあっても、「納税者の皆さま、ごめんなさい」とは言わないでしょう。

投票するにしても、説明責任を追及するにしても、あなたが税金について深く考え、声を上げていくということが、税金の無駄遣いを防ぐ最良の方法なのです。

おわりに

お金との付き合い方が、少しはおわかりいただけたでしょうか。最後に私が言いたいことは、お金の使い方や貯め方、投資の仕方によって、人の個性の違いが出るということです。あなたの知人の中にも、金遣いの荒い人や堅実にコツコツとお金を貯めている人がいるでしょう。お金の使い方を見ているだけで、その人がどんな人か、わかってきます。お金との付き合い方で、人間の中身がわかるのです。

そうであれば、あなたも自分がお金とどんな付き合い方をしているかを振り返ってみることで、自分がどんな人間かわかってくるはずです。

自分がどんな人間であるかを知るためにも、年に一度は「生活の再点検」をお勧めします。日々使っているものが、本当に自分に満足をもたらしているのか、振り返ってみてください。身の回りの商品は、どんな動機で買ったのでしょうか。みんなが持っているから？　広告を見て気に入ったから？　それとも、ただ何となく？　いえいえ、よーく考えて買った？

その商品を買ったことで、あなたは経済活動をしたのです。その経済活動は、社会のために役に立っているでしょうか。どうせなら、自分の経済活動が社会をよくすることにつながってほしいですよね。

おわりに

そんな経済活動には、あなたが働くことも含まれます。あなたは働いていて、楽しいですか？　もし楽しいなら、それはなぜでしょうか。職場の上司や同僚に恵まれているからでしょうか。それとも自分が働いていることが、誰かのためになっていると実感できるからでしょうか。

誰かのためになっているという実感が少なくても、あなたが作った商品が売れたり、提供したサービスが好評だったりすれば、あなたは社会のためになっているのです。嬉しいことではありませんか。

逆に、働くことが楽しくなければ、それはなぜでしょうか。上司や同僚、後輩に恵まれないから？　それとも、そもそも世の中のためになっているという実感が得られないから？

なんとなく過ごしていたり、モヤモヤした気持ちを抱えて生きていたりすることは、もったいないことだと思いませんか。一度きりの人生です。自分が「生きている」と実感できるような生活とは、どんなものか。たまには「人生の棚卸し」をしてみましょう。

社会の中で、自分はどんな位置にいるのか。どこへ向かおうとしているのか。それを「お金を稼ぐ」という観点から見直してみてください。それは、お金と賢く付き合う方法を見つけることになるでしょう。健闘を祈ります。

二〇一九年二月

ジャーナリスト　池上　彰

［著者紹介］池上 彰（いけがみ あきら）
1950年、長野県松本市生まれ。慶應義塾大学経済学部を卒業後、ＮＨＫに記者として入局。さまざまな事件、災害、教育問題、消費者問題などを担当する。科学・文化部記者を経て、ＮＨＫ報道局記者主幹に。1994年4月から11年間にわたり「週刊こどもニュース」のお父さん役として活躍。わかりやすく丁寧な解説に子どもだけでなく大人まで幅広い人気を得る。2005年3月にＮＨＫを退職し、フリーのジャーナリストに。現在、名城大学教授をはじめ、東京工業大学特命教授、東京大学客員教授、日本大学客員教授、立教大学客員教授、信州大学特任教授、愛知学院大学特任教授を務める。主な著書に、『子どもに聞かれてきちんと答えられる 池上彰のいつものニュースがすごくよくわかる本』（ＫＡＤＯＫＡＷＡ）、『池上彰の「天皇とは何ですか？」』（ＰＨＰ研究所）、『池上彰の世界を知る学校』(朝日新聞出版)、『世界から核兵器がなくならない本当の理由』（ＳＢクリエイティブ）、『会社のことよくわからないまま社会人になった人へ（第3版）』『政治のことよくわからないまま社会人になった人へ（第4版）』（以上、海竜社）など、多数。

経済のこと よくわからないまま 社会人になった人へ 第4版

二〇〇四年 一月二十九日 第一版 第一刷発行
二〇〇九年 十二月二十八日 増補改訂版 第一刷発行
二〇一四年 三月 十日 第三版 第一刷発行
二〇二〇年 四月二十四日 第四版 第三刷発行

著 者＝池上《いけがみ》 彰《あきら》

発行者＝下村のぶ子

発行所＝株式会社 海竜社
東京都中央区明石町十一―十五 〒一〇四―〇〇四四
電話＝〇三（三五四二）九六七一（代表）
ファックス＝〇三（三五四一）五四八四
郵便振替口座＝〇〇一一〇―九―四四八八六
海竜社ホームページ http://www.kairyusha.co.jp

印刷・製本所＝中央精版印刷株式会社

ISBN978-4-7593-1655-1 C0095